中国当代图书馆
馆 长 文 库

城市图书馆十年

李东来 著

上海科学技术文献出版社
Shanghai Scientific and Technological Literature Press

图书在版编目（CIP）数据

城市图书馆十年 / 李东来著 . —上海：上海科学技术文献出版社，2014.8

（中国当代图书馆馆长文库）

ISBN 978-7-5439-6329-0

Ⅰ.①城… Ⅱ.①李… Ⅲ.①图书馆事业—概况—东莞市　Ⅳ.① G259.276.53

中国版本图书馆 CIP 数据核字（2014）第 149722 号

责任编辑：曹文青
装帧设计：许　菲

中国当代图书馆馆长文库

城市图书馆十年

李东来　著

出版发行	上海科学技术文献出版社
地　　址	上海市长乐路 746 号
邮政编码	200040
经　　销	全国新华书店
印　　刷	上海中华商务联合印刷有限公司
开　　本	850×1168　1/32
印　　张	7.875
字　　数	176 000
版　　次	2014 年 8 月第 1 版　2014 年 8 月第 1 次印刷
书　　号	ISBN 978-7-5439-6329-0
定　　价	45.00 元

http://www.sstlp.com

出版说明

当前,我国正在实施推动社会主义文化大发展大繁荣、建设社会主义文化强国的战略国策。作为积聚知识、传播信息的当代图书馆活动,在公众生活中正发挥着越来越重要的作用;而活跃在当代中国图书馆活动第一线的各位馆长,则肩负着推动国家与民族文化建设的历史责任。他们在致力图书馆管理实践的同时,还在各自的专业领域从事着多种学术研究,在文献资源建设、创新图书馆发展、社会文化服务等不同领域,形成了众多研究成果,并得到了图书馆界同仁的认可。

上海图书馆所属的图书馆杂志社与上海科学技术文献出版社,多年来致力于图书馆业界的宣传推广,努力成为图书馆事业发展的前沿阵地。为此,两单位联袂发起、编纂系列丛书《中国当代图书馆馆长文库》,旨在汇集出版当代中国著名图书馆馆长的主要学术成果,记录改革发展进程中我国图书馆事业的发展轨迹,宣传当代中国图书馆活动的科学实践,交流源于实践一线的当代图书馆学最新成果。希望能够为未来的中国图书馆活动提供理性的参考,也为当前全国的公共文化建设提供一份助力。

《中国当代图书馆馆长文库》的各位作者,作为图书馆转型时代的亲历者和领航人,他们的知与行,见证了当代图书馆事业大变革的历程,缔造了当代图书馆事业大变革的格局。读者能从中感受到领航者激情开拓、坚守志业的精神和风骨。与此同时,《文库》还收录了部分馆长的散文随笔,让读者于他们的信手闲笔中,更多地发现思想的渊源和所能抵达的美妙境界。

希望《中国当代图书馆馆长文库》能够成为记录中国当代图书馆事业家思想结晶的碑版,成为传播当代中国图书馆事业家智慧成果的媒介。

作者简介

李东来,辽宁沈阳人,回族。1984年毕业于北京大学图书馆学系,2002年9月作为人才被引进广东东莞,现任东莞图书馆馆长。研究馆员,北京大学兼职教授。国家公共文化服务体系建设专家委员会委员。全国文献影像技术标准化委员会委员。全国图书馆技术标准化委员会委员。中国图书馆学会阅读推广委员会副主任。广东省图书馆学会副理事长。

李东来长期从事公共图书馆实践工作,努力探索城市新型图书馆服务模式和图书馆体系化建设,以东莞图书馆的创新发展打造了鲜活而生动的实践样本;致力于行业形象的转型和再塑,身体力行推进图书馆与社会的融合,以卓越绩效管理、社会阅读、社会教育职能的强化拓展图书馆的社会生长空间;执着于运用技术的力量,创新图书馆的组织和服务形态,以集群管理、24小时自助图书馆、东莞学习中心引领图书馆科技的提升,让更多的人享受图书馆。主编《公共图书馆信息技术应用》《中国阅读报告·书香社会》《数字阅读》以及《城市图书馆集群化研究与实践》《城市图书馆新馆建设》等城市图书馆书系。

自序

十年，对于一个组织来说是大庆，常举办隆重的庆典来纪念。而十年对于一个人来说，可能就是重要的人生阶段。幼少青壮，大体上可以看做人生前四十年每一个十年的标记。按孔老夫子所言，"四十而不惑"，若以"不惑"作为人生真正成熟的开始，不单单是生理上的成熟，还有心智乃至社会认知的成熟，人在此时才刚刚进入成人期。

我在我的成人期做的一件事就是建设好一座城市图书馆。

2002年我来到东莞的时候，年届四十。此次受邀加入文库的截稿期为2013年底，时间刚过十年。而这十年，也是中国社会转型发展大背景下的城市图书馆狂飙突进的十年。躬逢其盛、参战其中，能不庆幸？

我庆幸我赶上了这个时代。中国的改革开放，是人类历史上的伟大历程。台湾学者认为近300年来只有3个历史事件可以与之相提并论：1789年法国大革命、1917年俄国十月革命、19世纪后半期美国的崛起。改革开放走过了20世纪80年代的理想飞扬、90年代的商海大潮以及21世纪的综合跨越，虽然间中也有起起落落，但总体上我们在30年时光里快跑跟上了西方百年行程。自己伴随着、也经历着这个巨变过程。回首儿时物质和精神的双重贫乏，那种饥饿感深深地烙在身体和脑海中。大学时学了图书馆学，毕业后一直从事图书馆工作。在校时有先生曾告诉我，图书馆是为古人延寿的事业，我喜欢图书馆这个职业，也非常幸运能够始终参与其中，感受图书馆事业和国家改革开放的同步进程，见证图书馆事业的起落疾徐发展，欣喜新世纪以来图书馆事业的回归勃兴。

我庆幸我来到了东莞，这个充满朝气，务实成长，也是中国改革开放缩影的城市。作为改革开放的先行之地，东莞由1978年的农业县，经过三十多年的超高速发展，成为中国经济发展最快的地区之一，在2013城市综合经济竞争力排行榜中，位列全国第12名，是中国城市化的典范和标杆。新世纪以来，东莞注重城市的均衡发展，先后提出"文化新城""文化名城"战略，"图书馆之城"作为其组成部分鲜明地标志在城市发展定位中。于是，城市图书馆不再仅仅是一个城市级的图书馆，而是一个图书馆集群，是功能丰富、结构有序、便捷高效、覆盖全市的图书馆服务体系，以图书馆群整体形态成为现代城市的有机组成部分。近十年中国社会城市化发展迅猛，2002年中国城市化率为39.09%，到2012年达到52.57%，乡村型社会为主体的时代已经过去，城市型社会为主体的新城市时代已然开始。随着国家积极推进新型城市化发展战略，未来城市将更人性、更合理、更均衡。从南到北、从东部到西部，各地的城市图书馆纷纷展现出勃勃生机，发出耀眼的图书馆行业社会化光芒，找到新时空生长领域的城市图书馆，也必将获得进一步发展。作为一名东莞图书馆人，我为能够在一个以"图书馆之城"为标识的城市中生活而感到自豪。

我庆幸我遇到的同事，都是那么勤恳、宽厚、勇于进取、乐于奉献，让我在工作中感受到人性的温暖、专业的精神、追求的力量。十年同行、一路奋斗的场景，温馨的帮扶、热闹的联欢，一幕幕都幻化出现在眼前，东莞图书馆团队令我骄傲。东莞图书馆人"平和、亲切、富有智慧、受人尊敬"的品性与专业追求，令我铭记。还有上级的关照支持。东莞成功承办2012中国图书馆年会后，举办了答谢会。在会上，局长了解到年会举办这一年，也正好是我来东莞图书馆的第十年，特意让局办公室准备了蛋糕。当我没有想到的庆贺蛋糕被推出来时，我的眼眶是湿润的，心绪是激动的，充满感激。圆圆的蛋糕就是我在东莞十年工作圆满的奖牌，温润、甜蜜、包容、认同，令我难忘。

新型城市化核心在人，城市图书馆的核心也在人。

十年匆匆，弹指而过。社会上有所谓"学术中人""问题中人"，我则只是一个做事的人，顶多算个"实践中人"。急急地只顾向前、向前赶路，少有停顿，只有匆匆的行态。感谢上海图书馆杂志和上海科学技术文献出版社，推出"中国当代图书馆馆长文库"，并邀请我加入，给了我一个歇脚和回顾思考的机会。很希望在做事时有问题意识导向，并能常常得到"学术中人"的指导。

一个别样的十年记忆留存，谢谢"馆长文库"！

目 录

- 1 自序

  城市图书馆建设实践论

- 5 新馆建设：创造城市文化标志
- 7 东莞图书馆新馆规划及其业务实现
- 24 试析城市阅读对公共图书馆的影响
- 33 让更多的人享受图书馆
- 47 城市图书馆：充满希望的新天地
- 49 城市图书馆：在变革中生长在探索中前行
- 53 走近城市里的图书馆
- 58 访谈：推进城市图书馆事业不断发展

新世纪图书馆整体协同发展观

71　集群化管理：城市图书馆发展的必然选择

73　图书馆集群及其管理研究

90　"区域图书馆整体协同发展模式及路径研究"成果简介

96　区域图书馆整体协同发展的实现路径研究

114　访谈：走在城市图书馆集群协同发展的探索之路上

图书馆科技创新与卓越绩效管理探索

125　城市图书馆服务体系与公共数字文化建设

142　公共电子阅览室的建设与思考

152　浅析文化创新项目的辐射性效应

161　东莞图书馆卓越绩效管理探索与实践

164　图书馆卓越绩效管理的驱动：领导力与战略管理

179　访谈：以科技提升图书馆服务能力

工作漫谈

189　就职演说

192　微笑着继续前行　留下我们的故事

196　阅读时尚　沟通无限

198　传承与交流：图书馆的社会化演进

202　访谈：在与社会共同发展中创造图书馆的未来

221　东莞图书馆十年大事记（2002—2012）

城市图书馆建设实践论

城市是公共图书馆发展的摇篮。

在新世纪以城市为基准的时空范围内,最容易实现图书馆生存形态的重新组合,也最容易获得图书馆业务新的认知与发展。

我国的城市图书馆正成为行业体系转变、服务模式拓展、技术资源重组、社会和谐共生的试验地与先行者。新图书馆建设更多地在于规划新的发展战略和做好充足的业务准备。

东莞图书馆新馆定位:以数字图书馆为基础,体现知识交互理念,融合传统图书馆功能的现代城市中心图书馆。

图书馆不仅仅是文明城市的装饰品,也不仅仅是营养品,而应成为必需品。

让更多的人享受图书馆。

新馆建设：创造城市文化标志[*]

进入新的世纪，我国图书馆事业的发展也进入了新的高潮。在城市化进程不断加快和城市公共文化服务体系不断完善的大背景下，城市图书馆的新馆建设尤其引人注目。我们看到，从特大城市、大城市到中小型城市，大规模的新馆建设工程方兴未艾；从城市中心图书馆到辖内的区级图书馆、社区图书馆，图书馆之城建设蓬勃兴起。可以说，图书馆正面临着历史上最好的发展机遇，在城市文化建设中的标志地位日益得到凸现和加强。

图书馆既是承载着独特使用功能的建筑体，又是知识聚集和文明传承的形象体。这样的文化标志，应当是建筑符号和实际效用的完美结合，是城市文化地域特征和图书馆独有文化内涵的有机统一。人们对图书馆的认识、接受和依赖，来源于图书馆的建筑外观、环境设备、空间布局等外在因素的吸引，更来源于图书馆的办馆模式、服务水平、信息资源和功能发挥等内在因素的挽留。而后者，在一座新馆的孕育、诞生和成长中，正是图书馆员的责任和使命所在，图书馆员智慧和创造所在。也就是说，有了

---

[*] 原载于《城市图书馆新馆建设》，李东来，刘锦山主编，北京：北京图书馆出版社，2006年。

建筑师设计好的馆舍，就要靠图书馆员将其建设成为现代化的符合城市需要的图书馆。在图书馆被认为是一个城市的文化标志时，图书馆要通过自己的工作成为社会的必需品而不仅仅是装饰品。

因此，新馆建设，不单是馆舍的建造——从立项、设计、招标，到施工、验收、使用的完成过程，不仅是馆舍的装修——从设备采选、家具采购、二次装修到环境布置的过程。从某种程度上说，新馆建设，更多地在于规划新的发展战略和做好充足的业务准备，是一个业务建设提升的过程——目标定位的规划和推进，馆藏资源的充实和调整，服务模式的创新和建立，服务理念的植入和培养，人员素质的全面提高，等等。只有这样，呈现在公众面前的新馆才会有崭新的形象，才会成为言之有物的城市文化标志。

东莞图书馆新馆规划及其业务实现*

图书馆新馆建设既是土建工程也是图书馆业务工程。建筑界强调：形式服务功能，好的建筑是建筑形态与业务功能的完美统一。图书馆业务功能的设计与实现必须由图书馆人自己去完成。

新世纪的图书馆面临社会变化、技术冲击、资源膨胀、需求多样等新的环境，内在的生存压力和未来的不确定性激发图书馆行业探索新的功能。新馆建设是实现新探索的良机。东莞图书馆抓住了这个机会，通过调研分析、制订规划、落实定位、设计布局，做好新馆的思想理性准备；成立新馆规划办公室、新功能专责小组等，在全馆全面铺开业务准备与建设工作。

1. 新馆定位及发展目标

东莞图书馆新馆被列入城市新区规划并动工兴建，这是城市政府从现代中心城市发展的战略高度对图书馆事业的重新定位与大力支持，同时也对图书馆工作有了更高的期待与要求。2002年底，经过深入调研，东莞图书馆拟定出台《东莞图书馆新馆建设

---

* 原载于《城市图书馆新馆建设》。

与发展规划纲要（2002—2010）》，重新明确了东莞图书馆事业发展遵循的指导思想、发展目标和定位。

（1）指导思想

与东莞城市发展相协调、相适应，为制造中心、商贸中心、科技中心、信息中心、服务中心的城市功能定位提供文献信息支持，为国际制造业名城、生态绿城、文化新城的城市形象定位提供人文形象支持，成为东莞新城标志性的文化建筑；

与城市改造和重组相适应，充分利用和发挥东莞地域的特点和优势，从全地区范围着眼，激活文化设施存量，减少重复浪费，提高资源共享能力，构建主从有序、高效完善的现代城市文献信息服务体系；

以图书馆新馆建设为契机，根据东莞图书馆现实情况和基础，加大现代化设备配置比重和数字图书馆建设力度，实现馆内工作的自动化、网络化、数字化，全面提升工作环境和服务能力，将技术发展与制度和队伍建设相结合，充分体现现代图书馆工作理念；

以图书馆的稳定发展与可持续发展作为各项工作选择和考量的基础。

（2）发展目标

与东莞城市发展目标相适应，建设一个集传统文献资源和现代网络资源为一体、信息资源和人才资源交融的城市中心图书馆，成为东莞市的文献信息服务中心、区域图书网络中心、大众教育活动中心和专题文献研究中心，在馆舍、设备、队伍、管理、服务等方面达到国内城市一流图书馆水平。

（3）新馆定位

未来的东莞图书馆将是以数字图书馆为基础，体现知识交互理念，融合传统图书馆功能的现代城市中心图书馆，据此，新馆将建设成为：

① 知识信息的集散地

广泛收藏印刷型文献和现代电子文献，通过"借、阅、查、售"等服务方式，为文化教育、科学研究、领导决策、经济发展等提供全面充分的文献信息支持，成为东莞的文献信息服务中心。

② 市民终身教育的学校

营造良好读书环境，组织开展各种文献展览、知识讲座、大众读书、科普教育、专业培训、送书下乡等活动，培养和带动全社会爱书、读书的良好风尚，提高市民的思想道德素质和科学文化素质，成为东莞大众教育活动中心。

③ 东莞地方文献的宝库

系统地收集、加工、整理、保存东莞地方史料、人物资料和地方出版物，以及与东莞发展密切相关的专题文献，构建具有地方特色的馆藏体系和馆藏特色文献，为研究城市历史、现状和未来发展提供重要参考依据，成为东莞地区专题文献研究中心。

④ 地区图书馆(室)的中枢

在政府大力支持下，充分发挥资源、人才和技术优势，发挥中心馆的主导作用，创建东莞区域图书馆协作网络，共建共享文献资源，组织开展信息服务和学术研究，成为东莞的区域图书馆网络中心。

⑤ 高雅的文化休闲场所

通过合理的空间布局，适当休闲性阅读场所的安排，整体人文环境的营造及相关的文化活动项目，使读者在图书馆学习知识，交流思想，欣赏艺术，陶冶情操，各得其所，成为体现东莞城市文化形象的窗口。

2. 新馆功能布局规划与实施

新馆功能布局是新馆建筑设计的重要依据，在建筑设计前馆舍的功能布局就应该基本确定。由于东莞的特殊情况，图书馆作为使用方在新馆建设的前期，尤其是立项和编制项目建议书等阶段参与很少。新馆最初的功能布局设计由于缺乏系统、科学的论证，并不完全适应现代图书馆发展的趋势。2002年9月，新馆破土动工。新组建的图书馆班子在查阅了新馆建设有关文件、图纸资料，并咨询有关专家后提出了"关于东莞图书馆新馆功能布局的修改意见"。意见得到了上级领导机关的充分重视和大力支持。市城建工程管理局及新馆项目组积极协调项目设计和实施的诸单位，按照图书馆提出的功能布局修改意见，引进"模数式""大连通""通透性"等图书馆建筑新理念，由主设计方同济大学建筑设计研究院对原建筑设计方案作了必要与可能的修改。基于此，图书馆确定了新的楼层功能布局方案。

（1）功能布局的原则

新的功能布局方案在满足图书馆功能要求的同时，与建筑整体格调相和谐，展现时代气息和知识殿堂的学习氛围。在各楼层空间的具体布局上，则遵循以下原则和要求：

◇ 体现实用、灵活、高效、经济、安全、美观的原则。

◇ 体现多功能原则，实行借阅、视听、检索、教学、展览等多功能服务。

◇ 体现多类型、多载体、多文种、多层次的馆藏体系，根据"基本开架，分散保存"的原则，按功能分区和读者需求组织不同类型和不同载体的文献。

◇ 体现特色化原则，突出东莞作为国际制造业名城的经济特点。

◇ 坚持以人为本原则，建设以读者为中心的服务模式，实行藏借阅一体化，大开间开架借阅方式，努力营造方便、舒适、温馨的环境，采取各种措施吸引读者利用图书馆。

◇ 满足工作人员业务工作的需要，创造良好的工作环境和生活环境。

◇ 坚持现代化、智能化管理原则，为采用先进技术和实现资源共享提供充分条件，使东莞图书馆成为全市文献信息的存储中心和服务中心。

（2）功能布局的拟定

新馆楼层功能的具体分布需要反复斟酌。在拟定楼层布局的过程中，对各空间名称加以规范，空间功能加以细分，以突出布局的特点。

① *名称规范*

以易于读者记忆和识别，利于宣传揭示业务功能为原则，将各类读者阅览空间名称进行分类统一。特色馆中馆名称统一为"×××书屋""×××图书馆",如"漫画图书馆""粤剧图书馆""台湾书屋"等,其余则统一为"×××室",如"新报新刊阅览室""普通图书借阅室""参考阅览室"等;辅助功能空间名称则统一为"×××中心",如"购书中心""图书调配中心"等。

② 区域细分

对大开间的阅览区间的功能进一步加以细化。如电子服务区细分为互联网区、IT图书馆、视听区,大众生活主题图书馆又分为"衣"(服装)、"食"(饮食)、"住"(装饰装修)、"行"(汽车旅游)4个专题区。

(3) 功能布局的特点

① 藏、借、阅、查一体

◇ 新馆以方便读者用书为准,将读者常用文献全部开架借阅,取消了闭架书库;只设辅助书库,用以存放长期不被读者使用而下架的文献。

◇ 新馆不设集中的馆藏目录检索区,而将检索设备分散到每个功能区,使读者在借阅前就近查询馆藏资源信息。

② 东西分区

◇ 新馆根据建筑的特点(I、E的造型)在功能上进行了东西分区。东西分区将读者购书、餐饮休闲与文献借阅相对独立开来,避免了相互间的干扰。

◇ 东西分区并不是将上述两部分完全独立开来,两部分之间依然是相互连通的。

③ 文献和服务按楼层相对集中

◇ 图书馆功能区部分的布局注意将同一类型的文献或服务安放在同一楼层。如新馆二层为电子服务区，包括互联网区、视听区、IT图书馆，即所有与电子、IT有关的文献和服务都集中在二层，主机房也在这层；三层则为传统书刊借阅层；四层为参考研究层。

◇ 文献和服务按楼层相对集中方便了文献的传递与服务，同时把同一类型的读者相对集中在同一楼层。

④ 金字塔式人流量分布

业务功能布局还注意按楼层从下到上、人流从多到少的金字塔式走向进行布局，即将人流量较多的功能区放在较低楼层，如漫画图书馆、新报新刊阅览室置于底层；人流量较少的放在较高楼层，如文献参考、研究、地方文献置于四层；五层则为办公区。见图1。

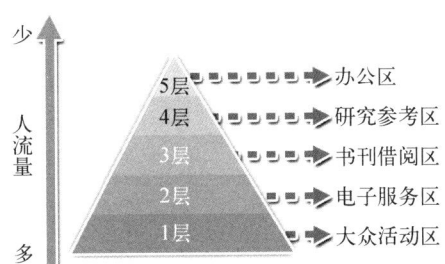

图1　金字塔式人流量分布

⑤ 特色馆中馆

新馆适应时代潮流的发展和东莞当地需要，设立了多个特色馆中馆，在集中专题文献资料开展特色服务的同时，也将进馆读者进行了一定程度的分流。

◇ 漫画图书馆　提供动漫类书刊、视频资料的休闲性阅读，开展动漫产品展示、作品欣赏、角色扮演等活动；分为少儿区、青少年区、成年区，对不同类型读者实行分级服务和管理。

◇ 大众生活主题图书馆　提供与市民生活息息相关的4个主题（衣、食、住、行，即服装、饮食、装饰装修、汽车旅游）的文献阅览服务。

◇ 台湾书屋　收藏台版图书2万余册，报刊10余种，为台胞及热爱台湾文学的广大市民提供书刊阅览。

◇ 东莞书屋　收藏包括东莞人著作、地方产业资料、本市城市化发展专题资料、地方名人赠书等在内的地方文献资料，提供地方文献查阅服务。

◇ IT图书馆　提供IT类文献资料（书、刊、报、电子出版物等）阅览服务，为IT制造商和营销商提供一个情报交流和产品推广的平台，为IT用户提供成功案例及相关资料，为IT爱好者提供一个学习交流的园地。

◇ 粤剧图书馆　收藏粤剧相关文献（包括剧本、曲本、木鱼书、海报、手稿等），为读者提供粤剧图书报刊阅览、粤剧视频欣赏、粤剧展览等服务。

◇ 玩具图书馆　提供启发性、诱导性及教育意义的玩具供8岁及以下儿童玩乐，以促进儿童器官、语言、概念及社交能力等方面的发展和提高。包括建筑、创意、音乐、体能、扮演、棋类、卡牌、技巧、拼图、电脑等10类。

◇ 礼仪之家　在现实的生活场景中，通过通俗易懂的语言和生动活泼的情景教学模式，免费对6—10岁的孩子进行交友、就餐、公共意识等礼仪培训，让孩子从小学礼、知礼、懂礼。

◇ 自助图书馆　为读者提供 24 小时的图书自助借还和阅览服务。

（4）功能细节的完善

进入新馆开馆倒计时阶段，有关部室及项目负责人对新馆各部分功能又进行了一次检视，从细节的完善中体现以读者为中心的服务理念。

① 直饮水设置

考虑到东莞近大半年的高温时间，以及各阅览室谢绝读者携带饮料入场的要求，新馆在各楼层同一位置（垂直布点较为节约投入成本）安置了直饮水设备，并采用明显的标识，贴近读者使用图书馆的需求。

② 总服务台重设和功能充实

新馆一层大堂面积达 3 700 余平方米，原设计将集办证、咨询、参观接待等功能为一身的总服务台置于大堂的最东侧，距离南北两个主出入口 50 米以上，极不方便对刚进馆读者进行服务，初期图书馆考虑在入口不远处设一小型咨询台加以引导和解决一些常见咨询问题。开馆前两个月经过对大堂人流细致的分析，接受了专业公司的建议，停用原服务台，而将总服务台的位置调至南北出入口连线中间位置，并结合新馆的内装环境和整体建筑特点对服务台的外观式样进行了重新设计，赶在了开馆前制作完成。新的总服务台距离主出入口不到 10 米，处在读者刚走进图书馆的第一视线范围内，同时有效地衔接了新馆东西两大功能区，便利了读者。见图 2。

除了位置进行重设，总服务台的功能也进行了充实，在服务台原先办证和咨询的功能基础上又增加了读者意见处理和集体参观接待两个职责。

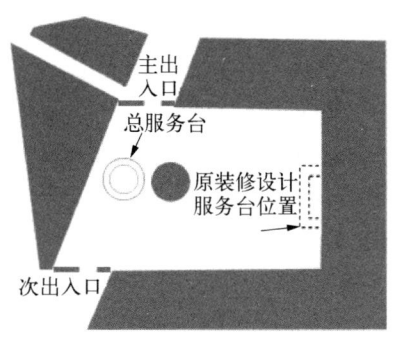

图2 总服务台重设

③ 室内盲道铺设与视障语音提示

新馆在一楼设置了视障人士阅览室，自主出入口起至视障人士阅览室之间铺设盲道，以便利对视障人群的引导；同时在盲道末端通过红外线感应对使用阅览室的视障人士进行语音提示，告知其已经到达阅览室。

3. 设备采购与陈列布局规划

图书馆家具及专用设备的妥善规划、配置及有效利用成为促进图书馆发挥有效功能不可缺少的重要环节。

（1）家具采选原则

◇ 标准化·灵活性　注意凡是被作为国家标准颁布实施的家具，如阅览桌椅、书架、期刊架、书柜等，严格将国家标准规定的参数内容作为采选的必备条件；采选时考虑家具可灵活调整的性能，如书架的层高，单人阅览桌的尺寸适合随时组合成双人和四人阅览桌等。

◇ **主·次** 在经费一定的情况下，针对家具的用途，明确不同家具的档次标准：将直接面向公众、为读者服务的阅览区家具作为重点来采购，充分考虑美观、舒适、选材上等、加工精良、与环境相融等问题，在进行家具设备的经费预算与分配时，注意向读者用家具倾斜，尽可能提高其档次；业务办公用家具则主要考虑其是否舒适、合用、大方和有助于工作效率的提高，尽可能降低采购预算。

◇ **功能+特色** 所有家具的采选首先要满足图书馆的功能需求，即要在结构、材质上做到坚固、耐用、防火防潮防污，易维护。如图书馆所有的书架均采用钢质书架、阅览桌面三聚氰胺防火板面。在满足功能的前提下，家具的颜色、样式、风格需与阅览空间的服务特点相协调，体现一定的特色。如儿童天地、漫画图书馆的家具多采用鲜艳的颜色、活泼可爱的造型，迎合儿童和青少年天真烂漫、富有想象力的特点，儿童家具在采选过程中特别要强调其安全性；粤剧图书馆则以传统的木质家具为主。

◇ **整体协调** 新馆家具的整体风格与建筑的整体风格协调，要求线条简洁，以直线条为主，材质的现代感强，如金属、玻璃。家具的颜色与建筑整体色彩协调，以灰色、白色、黑色为主，辅以红色，在保持整个环境庄重、清雅的特点的同时，以适当的暖色家具来点缀、调和。

（2）家具排列布局

新馆家具采选之前，各部室首先要对各自负责的新馆空间的家具布局进行规划。按照美观、方便读者、方便馆员的原则由新馆规划办负责最后统筹,并将此作为家具采购的依据。新馆家具及空间布局整体呈现以下特点:

① 藏、阅结合

打破传统的书架与阅览座席分区集中摆放的方式,在满足阅览座席需求的前提下,按照"人在书中、书在人旁"的新布局理念将阅览座席和书架交错摆放,协调有序,方便读者就近使用文献。

② 阅览、休闲、交互结合

既设置标准的阅览桌椅,又放置舒适、造型现代的休闲沙发供读者进行休闲性阅读使用,同时布置用于阅读交流和工作交流的会谈家具。

③ 动静相宜

靠实墙或一层以上靠外墙位置以布置静态的藏书为主,且以高层书架为主;靠近门厅区或沿窗区布置层高较低的书架(不超过4层)与阅览座席,则室外既可观赏到图书馆丰富的藏书,又可以看到读者阅读求知的孜孜不倦,更全面地展现图书馆读书氛围。

④ 专题分区

打破文献按照传统分类体系排架布置的单一方式,部分文献按使用对象、使用频率等的不同进行专题分区放置,并注意将读者经常使用的图书置于出入口的附近,便于借阅和管理。如漫画馆的家具布置按照文献的读者对象不同分为少儿区、青少年区和成人区;普通图书借阅室将读者最经常借阅的文学、经济类图书置于出入口附近。

⑤ 功能分区

家具注意按照文献阅览与电子阅览、分散阅览与集中阅览、阅览与展示、阅览与游戏、阅览与教学、阅览与研究等不同功能进行分区布置，并视情况布置隔断家具。

（3）图书馆专用设备

现代图书馆对专用设备的需求不断扩展，以满足服务功能的发展，有些专用设备是不可缺少的。新的专用设备常常成为新服务的亮点，这也是图书馆与科技密切结合的结果。新馆的专用设备很多，难以尽数，主要有：监测设备，包括图书监测仪、充磁仪、消磁仪等；消毒设备，包括空气净化器、LED紫外线消毒灯、纳米光触媒和活性竹炭等；自助图书馆系统，包括门禁、视频抓拍、读者验证及语音系统、图书自助借还系统等；多媒体导读系统、饮水净化系统、特殊展览设备；等等。

4. 新馆服务模式的建立

服务是图书馆获得社会认可并得以生存发展的基石，为使新馆能更好地满足并引导东莞市民的文化需求，图书馆从多方面入手，以切实提高图书馆的服务水平。

（1）服务形象：文明·主动

由于长期以来事业单位体制的局限性以及组织文化建设的疏漏，图书馆员工作的积极性主动性并不强，这与新馆的工作目标要求不相符合。为了强化馆员对"读者第一，服务至上"服务理念的认识，图书馆组织员工进行了多次图书馆员职业道德讲座学习，并在具体的工作上落实和检验。

① **文明优质服务**

2003年起，图书馆开始组织实施文明优质服务工程，并成立了专门的工作小组进行组织和领导。通过一系列活动，深化文明优质服务，包括"文明服务之星"评选、文明礼仪培训、读者调查反馈机制等。

② **两会信息服务**

自2004年开始，以参考部为主在每年"两会"期间走出图书馆，进入"两会"会场，为"两会"代表提供书刊报文献阅览、信息咨询服务，并免费提供图书馆编印的两会专题资料，获得了两会代表们的赞许和认同。

③ **规范办证，上门服务**

按照总分馆的工作目标，作为总馆，东莞图书馆对文献借还必备的读者证的办理和使用进行了规范。首先是制订全市统一、规范的读者证，实现总分馆一卡通用，并且配套制作了异形光盘读书卡、图书馆带证邮册等文化宣传品，扩大图书馆的影响；其次是降低办证门槛，简化办证手续，即开即通，方便读者，加大宣传，上门办证。

（2）服务平台：无限时空

拓展图书馆服务范围，把有限时空服务变成无限时空服务。图书馆加大了数字图书馆建设力度，并在新馆规划了自助图书馆。

① **数字图书馆**

东莞图书馆于2003年初启动数字图书馆建设工作，一方面增加计算机硬件设施，另一方面引进和自建数字资源、整合系统平台。

② 自助图书馆

自助图书馆位于新馆一楼西南角，相对主体图书馆建筑具有规模较小（110平方米，1万余册藏书）、空间相对独立、自助不限时服务等特点。2005年9月与新馆同时启用，实现了实体图书馆的24小时全天候开放。

（3）服务功能：知识传播·知识交互

社会教育是公共图书馆的一个重要职能。新馆的设计充分考虑了这一职能，规划了展览厅、报告厅、培训教室等场所，将与知识传播、知识交互有关的工作作为重点和核心。

① 展览

除了从馆外引进展览资源，2003年起，东莞图书馆开始策划自建展览专题，结合图书馆的服务特征，先后制作了"文明薪火传世书香——中国历代藏书家图文展""爱我中华、爱我东莞大型文献展""中国汉字发展史图文展""图书馆走近你身边图文展""不文明使用图书馆图片展"等多个展览，受到了参观读者的一致好评。

② 讲座——东莞学习论坛

讲座是东莞图书馆的一项新的工作，囿于旧馆场地条件的限制，既往图书馆只能组织一些小型的职工培训讲座。新馆的大开间设计以及设施先进、功能完善的报告厅场所为持续开展规模不等的面向读者的讲座活动提供了条件。2005年初，东莞市委宣传部决定待新馆建成使用后，由东莞图书馆具体承办"东莞学习论坛"这一全市领导干部理论学习的品牌活动。与此同时,筹划"市民学堂",从一开始就注意把握公益性、高水平、长期性、社会性和联动性的原则。

③ 培训——市民学习网

市民学习网是一个集学习、考试、问答、测评等功能为一体的开放式网上学习平台,2004年10月,由东莞图书馆技术部在购买在线培训系统基础上开发建立,经过一年的测试、完善于新馆开馆时正式向市民推出。学习网采用现代化的网络服务手段,利用现代远程教育技术,向市民提供基本免费的多媒体远程网络教学服务。

此外,加大馆藏资源建设,进行馆藏清点整顿,新书的突击采集加工,特色专题文献采选到架,提高数字资源购藏比例,自建特色数据库,等等,形成适应新馆需要的文献支撑。探索新的管理模式,后勤与物业管理实施社会招标承担制,地区图书馆事业实行总分馆制,新增加重大工作推行项目管理制,以学习型组织建设提升员工素质与能力。

新馆建设同时,导入视觉识别系统(VI),加大图书馆整体形象的规范和宣传推广,其 VI 基本要素包括标志(logo)、标准字体、标准字色、辅助图形及其组合规范。以标志的核心馆徽(logo)来看,象征意义扣合了东莞图书馆新馆的定位和目标:建立以数字图书馆为基础、体现知识交互理念、融合传统图书馆功能的现代城市中心图书馆。见图3。

东莞图书馆馆徽在整体上是以两本叠放的书构成一个弯折的"e"字。

标志的最小使用规范(单位：mm)

图 3　东莞图书馆馆徽

◇ "e"字表现了数字化和网络化时代的图书馆特色，同时也与新馆建筑外形相呼应（新馆建筑俯视效果形成"I""E"两个字母）；

◇ "e"字框架似一座房子，代表图书馆这样一个进行知识交互的空间；

◇ 弯折的"e"字又似两本书的叠放，概括出传统图书馆的特征；

◇ 馆徽为蓝色，透出庄严、宁静，体现了图书馆特有的求知氛围和高科技特征。

VI导入重在具体应用到图书馆的日常工作和服务当中，使图书馆的视觉形象更广泛更系统地在社会中传播，深入本馆工作人员和市民读者心中。除总馆全面使用，还在此基础上，对分馆的部分VI进行了规范，主要是标志和馆名的应用规范；部分分馆为新建馆，在形象墙和服务台等的装饰上均照此规范执行，有效强化了总分馆联合服务的形象。

试析城市阅读对公共图书馆的影响 *

城市是图书馆发展的摇篮,也是城市阅读生长的土壤。城市阅读散发的芬芳,正催生着图书馆的新芽萌动和枝叶繁茂。

1. 背景: 城市化推动城市阅读新发展

新世纪,随着我国经济和社会持续稳定发展,城市化进程明显加快。中国的城市化水平由 1978 年的 18% 到现在的 43.19%,大城市不断发展,小城市不断涌现。城市的日益成熟唤醒了民众对文化的渴求,城市相对稳定的政治、经济、文化环境为阅读的发展提供了基础和支撑,培植着城市阅读的生根和发芽。阅读由个人化行为为主,经城市的集聚效能作用发展到相互影响的群体行为阶段,表现为整个城市的阅读风尚,包括市民对阅读的参与度、阅读的兴趣、阅读的习惯和阅读的能力等,从而展示城市市民的整体素质,引领城市的价值取向和发展方向,直接影响到城市的发展能力。孕育、成长于城市中的图书馆既是城市化发展的应有之义,也在城市化进程中寻找和开辟着自身发展的新的空间。图书

---

* 原载于《图书馆论坛》,2007 年 12 月第 6 期,李东来等。

馆是知识信息的宝库和市民终身教育的学校,而且公共图书馆具有公共性、公益性与开放性的特点,其承担的社会职能日益增强,在城市阅读的兴起和发展中无疑会成为重要的平台和坚实的载体,担当重要职责,扮演重要角色。可以看到,城市阅读将给图书馆带来影响和变化,也将为图书馆事业发展注入新的活力。

2. 案例:东莞图书馆在城市阅读空间中生长

东莞具有市辖镇的特殊行政架构、发达的经济水平、众多的外来人口以及打造"图书馆之城"的城市文化建设目标,其城市水平、社会环境、科技程度、人文诉求等特点明显,是我国城市化发展的缩影和映射,城市阅读正呈现蓬勃发展态势,对于图书馆的发展产生了巨大的影响,具有很好的案例研究价值。

(1) 丰富阅读资源,营设城市阅读空间

① 推广主题阅读

根据不同读者群的阅读需求取向,东莞图书馆设立了"漫画图书馆""衣食住行图书馆""粤剧图书馆""东莞书屋"等10个馆中馆,集中相同主题的图书、报纸、期刊、电子出版物于一区,使读者方便利用同一主题的多载体文献。在保障传统借阅的基础上,为开展个性化、特色化阅读服务奠定了基础。

② 延伸阅读

以市、镇、村三级行政区划为基础,依托技术突破和资源整合,实施总分馆制构建结构合理、功能完善、体系完整的图书馆集群。图书流动车"方便、灵活、快捷、主动",每天穿梭于全市各处广场、社区、企业、部队,动静结合地将阅读资源延伸到基层,力求"读者在哪里,图书馆就在哪里"。自助图书馆在全国首家实现 365 天 24 小时开放服务,读者刷卡入内自行办理借还书手续。

③ 构筑虚拟阅读空间

大力建设东莞数字图书馆,增购电子资源,形成纸质文献和数字文献并重的新馆藏结构;同时,建设便捷实用的读者一站式检索交互平台,以服务市域读者为主,提供居家阅读。此外,还发挥开放教育职能建设 E-learning——东莞市民学习网,拥有 1 200 多种各门类网上课件,注册学员 8 000 余名,在线志愿指导教师 10 名。

(2) 广泛开展阅读活动,引领城市阅读风尚

① 承办东莞读书节,营造城市阅读求知氛围

2005 年,以东莞图书馆新馆开馆为契机,举办了首届东莞读书节,之后一年一届。读书节协调小组办公室设在东莞图书馆,充分发挥图书馆的阵地作用,营造人人读书、处处学习的阅读风气,培育市民的图书馆意识。3 届读书节共举办活动 1 100 余项,参与群众达 800 多万人次,引起了良好的社会反响。2006 年 4 月 23 日,中国图书馆学会科普与阅读指导委员会在东莞第二届读书节动员大会召开之际同时成立,为东莞图书馆事业在城市阅读层面开拓了一个新的发展平台。2007 年第三届东莞读书节首发了"新莞人书香卡"和"亲子书香卡",不仅可以在图书馆总分馆内免费借书,还可以享受市内文化设施参观优惠、书店购书优惠以及培训机构课程优惠等,通过整合图书馆以及其他阅读学习机构

的资源,为市民读书提供便利。

② 创办市民学堂,打造城市阅读品牌

通过整合讲座、培训等方面的资源,开办全开放、全免费的城市公共教室,形成公益讲座、打工学堂、市民空间等"市民学堂"系列品牌。开馆两年来,周末公益讲座坚持每周一至两场,公益课堂免费培训168期,听讲、培训达到5万余人次;活动还不断向基层延伸,多次深入镇(街)、企业和社区,惠及更多市民。

③ 开办东莞动漫节,倡导健康时尚阅读

依托国内公共图书馆设置首家漫画图书馆的优势,策划举办了东莞动漫节。利用社会力量举办,社会企业赞助,采取展、演、赛等多种活动形式,吸引漫画爱好者踊跃参与,从而形成漫画图书馆阵地服务、漫画节活动服务、漫画网站服务"三管齐下"的格局。

④ 开展上门服务,将阅读风气带到各行业、基层

积极"走出去"服务,针对不同读者群体和基层群众的阅读需求,策划开展各类个性化、特色化主动服务手段。一是利用图书流动车开展图书流动服务;二是开展"送书下乡"服务,定期联合企业、书店等社会力量,有效地解决偏远镇村居民看书难的问题;三是开展"知识传播百家行"服务,进行上门办证和数字图书馆集中辅导服务。

(3) 加强组织和引导,推动城市阅读持续发展

① 寻求政府主导,逐步形成机制

东莞争取了良好的图书馆事业发展政策环境,市委、市政府发文支持总分馆的推动和图书馆之城的建设。东莞读书节也确立

了市委市政府发文、全市统筹、部门协作、镇街联动的方式,成立了专门的读书节组委会,确保城市阅读的常态化、持续性发展。

② *发挥学会的力量,促进健康发展*

中国图书馆学会科普与阅读指导委员会之图书馆与社会阅读分委会设在东莞,为指导阅读和开展阅读活动提供了支持力量。

③ *进行阅读调查和研究,指导实践*

通过联合高校、研究院等机构,开展有关城市阅读的调查和研究,一方面能够发现城市阅读活动的规律,推广阅读活动;另一方面也为图书馆培养研究型人才创造了条件,开阔了视野,提供了实践研究的"试验田"。几年来,东莞图书馆对城市阅读的倡导和推动,有力地扩大了图书馆的影响,增强了社会的图书馆意识,越来越多的人开始认识图书馆、走进图书馆。城市阅读在得到公众广泛认可和踊跃参与的同时,也得到了领导的高度重视和大力支持,认识到城市阅读是推进东莞经济社会转型的重要力量,对人的发展能力的提升、东莞和谐环境的营造、东莞城市精神的塑造具有重要作用。东莞图书馆以富有成效的工作建立了自身在城市文化中的形象和地位,也带动了整个地区图书馆事业的发展。

3. 分析: 城市阅读对公共图书馆的深刻影响

社会的阅读空间就是图书馆的需求空间,满足阅读需求是图书馆的行业职责。为发挥城市阅读对城市发展的作用,东莞图书馆从解决两个最基本的问题入手:一是要使所有的市民都有条件阅读，必须构建完善的城市公共图书馆服务体系；二是要让所有的市民都有兴趣阅读，必须以有效的载体去推动，比如举办读书节、利用图书馆设施阵地开展丰富多彩的读书活动等。从以上案例可以看到，通过抓住城市阅读这一图书馆和社会的良好结合点，必将促进图书馆工作的进一步发展，给图书馆带来深刻影响。

（1）巩固和深化图书馆功能

① *文献保存职能日显珍贵*

数字时代，数字化的信息对传统书籍大有替代之势，在人们日益抛弃书籍的同时，图书馆的文献保存、文明传递功能显得更为重要和珍贵。网络、数字等媒介为人们重新认识和重返传统知识载体(书本)提供了新的获取渠道和方式，而图书馆序化的保存方式则为这种成功的信息获取(检索、搜索)提供了最佳的基础和内容。

② *知识传播角色不断强化*

知识是文明的结晶。随着信息总量的爆炸式增长，图书馆通过给杂乱无章的信息分类，以便引导读者找到自己所期待的、深藏在各类浩瀚的信息和载体背后的真知。这种传播知识的职能在多元阅读时代必将会得到更好更有效的发挥。随着图书馆员的整体素质不断提升，身为"知识传播者"的图书馆的威望也会与日俱增，知识传播的角色也日益突出。

③ *社会教育功用更具优势*

图书馆作为社会免费教育场所，在市民终身教育方面具有不可比拟的优势。具体优势包括：持久性——教育时间更持久；广泛性——教育内容更广泛；生动性——教育形式更生动；自主性——接受方式更自主等。

④ 文化休闲场所更为独特

随着人们文化品位的提高，阅读作为一种知性休闲正在普及，融合休闲、交互、求知于一体的图书馆渐已成为人们文化休闲和诗意栖息的心灵圣地。图书馆文化娱乐职能在市民文化需求日益旺盛的情境下显得更加重要。通过满足公众娱乐、交流、沟通的多种需求，图书馆不仅实现了休闲功能，而且也为整合都市生活、促进社会进步作出了重要贡献，使得图书馆作为文化休闲场所更为高雅。

（2）促进图书馆的转型

① *构筑虚实结合的阅读空间*

建设传统纸本文献与现代数字文献并重的复合式馆藏，传统与现代相结合，纸质与电子相转化，以求更好地满足读者，服务读者。主题资源建设、数字资源建设、共享资源建设是复合式馆藏建设的3个重点方面。

② *设计多功能布局，满足多元化阅读需求*

对传统图书馆的资源组织、功能布局进行变革，采取藏、借、阅、查一体的新型服务模式，细分人群需求设立馆中馆，配套便利齐全的服务设施，满足读者到馆学习、研究、活动、休闲的需求。

③ *开展多样化服务，提供休闲舒适的阅读体验*

开展借阅、信息、视听等服务，举办讲座、培训、展览、学术交流、读者沙龙等活动，服务形式向多样性个性化拓展，提供不同的阅读体验。

④ 拓展图书馆体系,实现就近便捷的阅读服务

从单馆服务发展为集群服务,构建职责明确、管理规范、便捷高效的图书馆体系,统一业务管理,在城市实现亲近、快捷、方便的图书馆整体服务。

（3）成为图书馆实践探索和理论研究的新领域

城市阅读与图书馆的紧密结合和内在关联,也成为图书馆学研究的一个新对象。首先,从理论研究层面来讲,城市阅读为图书馆学研究开辟了新的领域,当前关于阅读学和图书馆学两个领域有了一个共同的新交集。其次,从实践探索层面来讲,城市阅读则为众多图书馆人的工作指明了新方向,围绕城市阅读这个主题,图书馆员的工作内容变得更为丰富,可以担当信息导航员、义务教育员、心灵辅导员等越来越多的角色。再次,从沟通交流的层面来讲,城市阅读还为图书馆界的交流提供了一个新的话题。

（4）提升图书馆在城市生活中的地位和作用

从城市阅读、图书馆、城市发展三者的内在联系来看,城市阅读也使得图书馆在城市生活中的地位和作用日益提升。图书馆作为城市区域发展的文化标志,集城市客厅、城市书房、城市教室等功能于一体,以丰富的知识和多彩的活动,营造城市阅读空间,影响着城市文化品位的提升和城市文化精神的凝练。图书馆作为城市公共文化体系的重要组成部分,以总分馆制、图书馆联盟、图书馆之城、联合图书馆、图书馆集群网络等方式让更多的市民享有平等阅读的权利。图书馆作为城市文明进步的产物,通过图书馆员的智慧和创造,通过城市阅读这一载体和平台,紧密联系图书馆与读者,有效发挥图书馆的作用和价值,以获得社会和市民的广泛认可,从城市的装饰品、营养品真正成长为符合城市需要的"必需品"。

让更多的人享受图书馆*
——东莞城市图书馆发展的思考与实践

图书馆是一个实体,能被人享受吗?有人会问。

我们认为,图书馆是整体性的事业,是活的社会有机体;同时,图书馆又是多种功能的丰富展现,因而可多方面让人感觉到。愉悦美好的感觉,就是享受!读者可以享受图书馆的环境、资源和服务,可以享受图书馆的舒适、温馨与平和,还可以享受图书馆的快乐,譬如获取知识的快乐、参加文娱活动的快乐。如果图书馆人更努力一点,还可以让读者享受图书馆的便利和个性化服务,享受图书馆的无时不在,无处不在。

1. 城市图书馆总分馆体系

让更多的人享受图书馆,是对"全民共享图书馆服务"内涵的丰富。它不仅是指图书馆服务所覆盖的地域范围的扩大,图书馆服务对象在数量上的增加,还包括图书馆服务质量的全面提升,以及读者从图书馆服务中得到的满意、愉悦、舒适、温馨与

---

* 原载于《山东图书馆学刊》,2009年第1期。

快乐。从"享用"到"享受",是更尊重读者、更重视读者的感受和体验。

在城市化不断加速的进程中,让更多的人公平便捷地享受图书馆的服务,既是必要的,也是可以实现的:一方面,城市化从数量和质量两个层面催生了人们对图书馆服务的新的需求,图书馆必须通过全面升级环境和服务,才能满足不同群体对图书馆多元化服务的需求;另一方面,城市化为城市图书馆发展提供了强大动力,城市图书馆又能引领城市的价值取向,提升城市形象,进而影响城市的发展能力。

城市图书馆应是功能丰富、结构有序、便捷高效的图书馆服务体系,城市图书馆不再以单个而是以图书馆群的整体形态成为城市的有机组成部分;也就是说,新形势下的城市图书馆不仅强调单个图书馆服务功能的全面提升,更重视整个图书馆群的协同发展和服务效能。

2. 以新馆建设为契机打造城市中心图书馆

东莞是我国改革开放的一个缩影。作为我国城市化进程最快的新兴城市之一,东莞在建设城市文化、提升城市形象、增强城市发展软实力方面,面临巨大压力,需要花大力气进行整体的规划和投入。对于根植于其中的东莞图书馆来说,读者群体和环境的深刻变化既是难得的机遇,也是巨大的挑战。

在 2002 年制订的新馆发展规划中,东莞图书馆的定位是以数字图书馆为基础,体现知识交互理念,融合传统图书馆功能的现代城市中心图书馆。这里包含有 4 个元素:一是以现代信息技术为基础，充分利用数字网络技术；二是新的图书馆要加强与读者的交流互动功能；第三，在开发利用数字资源和技术的同时，不丢掉图书馆的传统功能，建设复合式图书馆；第四，按照中心图书馆的思路来建设东莞图书馆。需要强调的是，一个就无所谓中心，中心是以非中心的存在为前提的。中心图书馆就是要履行引领、指导、协调其他图书馆，实现区域图书馆协同发展的功能。

新世纪图书馆的工作重心就是实现从书到人的转变，给读者以知识的愉悦，让读者享受新时代的图书馆。由此，要求图书馆的工作应根据环境和需求变化采取相应之策。

（1）根据读者需求变化构建新格局

读者对图书馆需要发生变化，从传统的"求知"变为"休闲、交互、求知"相结合。据此我们的对策是：① 在建筑、布局、装饰上，体现通透、明亮、简洁、舒适的风格；② 搭建藏、借、阅、查、售、展一体的新型服务平台；③ 采用开放式服务，实行免证阅览；④ 通过展览、讲座、聚会、沙龙等形式，增加交流活动空间；⑤ 打破书库与阅览分区的传统，按照"人在书中，书在人旁"的理念进行室内布局，配置高矮相宜的书架和休闲桌椅，安装便捷的电子阅读机，在各楼层配备电子自动存包柜和直饮水机。在此基础上，吸引市民到图书馆"看一看，坐一坐，读一读"，逐步把社会大众由普通市民变成图书馆读者。

（2）根据工作内容的变化，建设复合式图书馆

新世纪图书馆的工作内容由传统的单一纸质文献变为纸质文献和数字文献并重。我们的对策是建立复合式图书馆：① 在新

馆馆藏结构中，强调纸质文献和数字文献的均衡，形成多级信息获取机制；② 通过开设东莞数字图书馆，服务市域读者，为市民提供居家阅读；③ 以目录为纲，整合资源；④ 实施一站式检索，方便读者；⑤ 大力推行文化信息共享工程建设，丰富市民文化生活；⑥ 开设东莞市民学习网，方便市民系统学习和提高。

（3）根据业务管理的变化，建设主题图书馆和专题区

在业务管理方面，我们根据"以内容为主，突破载体分隔"的变化，采取建设主题图书馆和专题区的对策，先后在馆内设立漫画图书馆、粤剧图书馆、衣食住行图书馆、IT图书馆、玩具图书馆、东莞书屋、台湾书屋、礼仪之家等专题图书馆，并依托专题图书馆开展各类读者活动；同时，突破载体分隔，按内容集中书、报、刊和电子文献，方便读者借阅；此外，在阅览室内，设置专题区；根据需要和我们的人力与信息资源，开发专题文献，编印专题资料。

（4）根据服务效能的变化，发挥中心图书馆的作用

根据全社会对图书馆服务效能的期望变化，即追求区域图书馆整体服务能力，我们结合新馆的定位，充分发挥中心图书馆在人才、技术、管理和资源等方面的优势，筹划、组织、指导基层图书馆建设和全市图书馆服务体系建设，通过集群管理整合全区域公共图书馆的资源，形成一个布局合理、资源共享的城市图书馆服务网络，促进区域图书馆协同发展。

3. 推行集群管理，构建普遍均等的服务空间

构建普遍均等的图书馆服务空间，可以有很多具体的实现方式。我们从东莞的实际情况出发，采用集群管理技术和总分馆管理体制，作为构建城市图书馆服务体系的具体形式。

（1）采用"技术+管理"的手段突破体系建设的"瓶颈"

《东莞市图书馆新馆建设与发展规划纲要（2002—2010）》提出了城市图书馆协同发展的蓝图。区域图书馆协同发展，其实质就是建立城市图书馆服务体系。体系化建设仅有"体"是不够的，还要有"系"，即要密切各个"体"之间的相互联系，将产权归属各一、服务与管理水平参差不齐的各级图书馆整合起来。而"体"之间的相互联系程度如何，就是体系建设最为关键的问题，是体系建设的"瓶颈"。

解决"系"的问题，有技术和管理两种手段。我们按照图书馆群整体协同发展的理念和整体设计开发的思路，充分利用网络技术，与专业公司合作研发了图书馆集群网络管理平台（Interlib），作为解决各成员馆之间相互关系的技术平台。在管理上，则实施总分馆制，将各个基层图书馆纳入总分馆体系，作为一个集群来统筹管理。

Interlib的技术特点是：① 采用B/S跨平台模式，集群整体设计，客户端零维护。② 在业务实现上，采用以目录为纲，整合多种媒体文献；多馆数据集中存储，统一管理；实现总分馆之间的通借通还。③ 在管理层面，区分所属馆与所在馆文献的产权，

在产权分属不变的现实基础上实现了资源、业务、管理的统一，将镇村、社区、学校、企业等基层图书馆融入城市图书馆体系。④ 在读者的使用层面，检索结果集分面浏览，可按分馆、主题、分类等，方便利用。

（2）按照四步走的策略，逐步推行城市图书馆总分馆体系建设

在体系建设的阶段和步骤上，实施"四步走"的策略。① 技术突破。东莞的基层图书馆基础比较薄弱，分散建设，缺少联系，文献资源和业务骨干欠缺。为此，我们采取了先技术突破，然后跟进管理的策略，利用图书馆集群网络管理平台（Interlib）解决关键性的瓶颈问题。② 试点先行。在体系建设的最初阶段，选择了两个图书馆进行试点，发现问题，积累经验，为体系建设的全面推行做准备。③ 政策保障。城市图书馆总分馆体系建设得到东莞市委市政府的大力支持，东莞市专门成立了图书馆之城建设领导小组，该领导小组办公室就设在东莞图书馆。2004—2005年，东莞市委办与市府办先后联合下发了关于推行总分馆制与建设图书馆之城的4份文件，全市图书馆总分馆体系建设就此全面推开。④ 规范管理。技术开发后需要跟进管理规范。为此，我们先后制订了一系列管理规范。在《东莞地区图书馆总分馆建设指南》中，规定全市总分馆要规范标识，集中管理，同一平台，凸显特色，共享资源，明确总馆和分馆的职责、任务、经费、业务要求，还确定了总分馆的组织与运作管理。制订了《业务系统操作说明》和《东莞地区图书馆业务规范》等业务规范，明确行业条码使用规则和图书馆单位代码编制规则，总分馆管理逐步纳入规范化的轨道。

实践证明,通过技术+管理的手段,分步实施、逐步推进的策略和"城市帮助农村,中心引领基层"的发展路径,先进业务整合,逐步过渡到行业管理,实现信息、设备、人力等多重资源的共享,是城市图书馆事业整体发展的有效途径。

(3) 创新服务形式,不断完善城市图书馆总分馆体系

我馆从2004年起推出了图书流动车服务。图书流动车以其灵活多样快速便捷的方式,将图书馆服务送到社区、工厂、监狱、学校、广场以及市民需要的其他地方,与图书馆一起,构成了动静结合的城市图书馆总分馆服务体系。图书流动车被誉为"市民身边的图书馆"。

2005年新馆开馆时,我馆又推出了我国首个无人值守的自助图书馆。自助图书馆内设有自助借还机1台,藏1万余册书,在主馆闭馆期间提供自助借还和阅览服务。自助图书馆的推出,使我馆真正实现了365天天天开馆,24小时时时开放。美国图书馆协会主席罗仁·若伊博士因此将东莞图书馆誉为"永不关闭的图书馆"。

2007年12月,我馆又推出了图书馆ATM(图书自助服务站)。图书馆ATM应用智能机械手三维定位技术,借书自动送出,还书自动上架,避免滞留。每台图书馆ATM设备能容纳500—1000册图书,读者自助操作,具有即借即还、即还即借功能。"可以放置到城市任何地方"的图书馆ATM参与全市图书馆的通借通还,成为东莞总分馆服务体系的有益补充。

图书流动车、自助图书馆和图书馆ATM等服务的推出,使图

书馆服务空间可以拓展到城市的任何角落,服务时间延伸到每天24小时,城市图书馆总分馆服务体系因此得到不断的完善和补充。

(4) 发挥镇级中心图书馆的作用,深化城市图书馆总分馆体系建设

长安图书馆是东莞图书馆分馆之一,在全市的图书馆总分馆体系中,担负镇级中心馆的职能。长安图书馆是按照高规格镇级中心馆原则建设的,建筑面积近3万平方米,规模现居全国镇级图书馆之首。该馆在积极开展基本服务的同时,不断拓展图书馆服务功能。2008年1—10月份,日均接待读者近3 000人次,培训学员近3 000人,举办各类展览30余次,其他大型文化活动10余次。

与此同时,长安镇按照"高要求推进社区图书馆建设"的原则和东莞市社区级分馆建设标准,全面推进全镇13个社区的图书馆建设。在选址上,各社区分馆均设在社区中心地带,其中有6个设在一楼;在形象方面,长安分馆和所有社区分馆全部采用总分馆统一的标识;在开展读者活动方面,借助总分馆联动优势,利用社区资源,积极开展各类读书活动。由于在图书馆建设中取得突出成绩,在2008年东莞第四届读书节表彰大会上,长安镇被东莞市图书馆之城建设领导小组授予"图书馆之镇"匾牌。

4. 城市图书馆总分馆体系建设取得的成效

经过几年的实践和探索,东莞城市中心图书馆和城市图

馆总分馆体系建设已初步成型,服务水平和管理水平普遍提高,服务能力和服务效果全面提升,广大市民得到实实在在的利益。

(1) 城市中心图书馆服务能力和服务效果明显提升

东莞图书馆新馆开馆 39 个月,共接待读者 639 万余人次。其中,春节、五一、十一等七天长假,读者人数都在 6 万人次以上;2008 年国庆 7 天黄金周,全馆接待进馆读者 10 万余人次。读者外借累计达 303 万册次,且呈现快速增长的趋势。越来越多的人享受到图书馆舒适温馨、周到便捷的服务。

(2) 总分馆体系建设初见成效,普遍均等的图书馆服务空间基本形成

2002 年开始,全市图书馆总分馆建设的各项工作逐步展开,2003 年完成了技术研发和系统转换,2004 年实现 2 个试点图书馆分馆与中心馆的联网运行。目前,全市已建立起 1 个总馆,40 个分馆,102 个图书流动服务站,发展文化信息共享工程基层服务点 123 个,初步形成图书馆集群网络、图书馆总分馆服务已覆盖全部 32 个镇(街)。

总分馆通过采用统一的管理技术平台,馆际之间通借通还,读者可以到任何一家成员馆借还书,可以检索全部的书目信息和借阅情况,可共享数字资源,使"一馆办证,多馆借书;一馆借书,多馆还书"和"网上预约、电话预约、送书上门"等便捷的读书生活在东莞成为现实,普遍均等的图书馆服务空间初步形成。

便捷的图书馆服务网络使读者量逐年猛增。仅从外借量上

看,各分馆 2005 年借还书量为 147 384 册次,以后逐年增加:2006 年为 404 736 册次,比上年增长 174.61%;2007 年达 603 870 册次,年增长 49.2%。

(3) 基层图书馆服务与管理水平得到迅速提升

总分馆制遵循创新发展、集约发展的原则要求,通过技术创新,突破了体系建设的瓶颈,摸索出了一条推进地区图书馆事业整体发展和升级的新路子。Interlib 系统降低了基层图书馆采用现代化图书馆服务的门槛,能在极短的时间内全面提高他们的管理水平;加上中心图书馆通过实施上门指导、定期培训等制度化措施,很好地解决了基层图书馆少资源、缺人才、弱管理的问题,使各地群众得到更多更好的服务。该项技术于 2005 年 5 月通过文化部鉴定。在此基础上,我们的"区域图书馆集群管理与协同发展模式"获得 2007 年第二届文化部创新奖。目前,全国已有 700 余家图书馆采用 Interlib 集群系统。

(4) 开展市镇文化活动联动,建立分馆发展的长效机制

总分馆体系为市镇文化活动联动构建了很好的载体,通过总分馆整体联动共同开展展览、讲座、读书、宣传等活动,既丰富了图书馆的服务内容,又增强了图书馆的社会影响力,为建立分馆发展的长效机制打下了基础。几年来,在"4·23 世界读书日"、图书馆服务宣传周、东莞读书节等期间总分馆开展了大型联合活动,加上定期的巡回展览和讲座等活动,参与总分馆活动的群众达到了数百万人次。2005 年 9 月以来,东莞市已成功举办"东莞读书节"4 届,东莞动漫节 4 届,东莞市民学堂公益讲座

160 余场。仅东莞读书节,全市累计开展各类读书活动就达 1 549 项,参与群众 1 200 多万人次。

(5)经济效益明显提高

集群化管理在实现区域图书馆整体业务现代化管理的同时,帮助基层图书馆在硬件、软件、资源、人员、日常维护等方面节省了大量的资金,产生明显的经济效益。通过对总分馆模式和单馆运作模式的经费投入作对比分析发现,在服务功能基本相同的情况下,集群管理的经费投入比以往单馆模式在总体上节省 2/3 至 4/5,实现了图书馆集群整体效益最优化。见表 1、图 1。

表 1 集群管理模式与单馆管理模式经费投入对比

(单位:万元)

运作模式		总分馆模式		单馆运作模式		
投入经费项目		总馆	分馆	总馆	1个分馆	26个分馆
一次性投入经费	硬件设备	39	0	31	5	130
	应用软件 业务系统	65	0	30	4.8	124
	应用软件 联合编目	0	0	32	0	0
	应用软件 馆际互借	0	0	3	3	78
年度使用经费	数字资源	100	0	100	10	150
	技术人员	10	0	10	2	52
	日常维护	10.4	0	9.6	1.28	33.3
小计		224.4	0	215.6	—	567.3
合计		224.4		782.9		

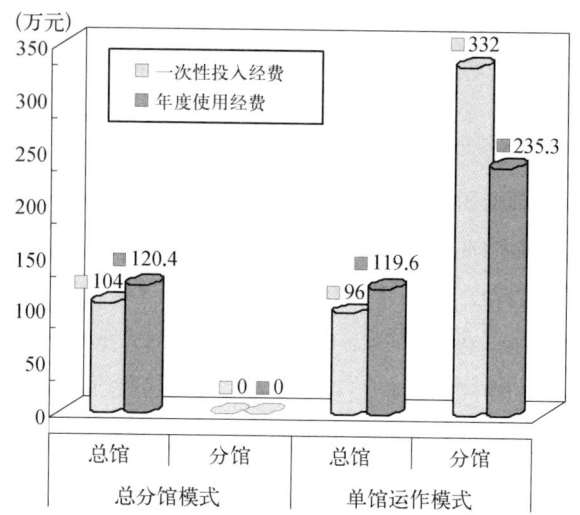

图1 集群管理模式与单馆管理模式经费投入对比

5. 几点思考

（1）既要善于突破现有体制的束缚，也要善于借用现有体制的资源

城市图书馆总分馆体系建设在起步阶段要面临许多由现行体制带来的束缚。如东莞市图书馆的投入实行市、镇、村三级体制，各个图书馆实质上是各自独立、互不相属的，在产权、管理、经费、人员等方面难以实现全市的集中统一。为此，我们采用了技术突破、业务统筹优先的策略，绕开了体制因素的束缚。这种方式逐步实现了全市图书馆的业务统筹管理和资源的共享，同时又不至于影响到市、镇、村继续加大投入，进一步促进图书馆事业发展的积极性。这就使不同辖区的市民不仅可以享受本地

图书馆的服务，还可以享受其他图书馆不断增加的信息资源，区域图书馆事业发展因此迅速进入良性循环的轨道。

（2）技术不是最重要的，但技术是最有效的

技术作为工具要素，其最主要的作用就在于整合人与人、人与其他要素和服务对象的关系，从而创新、改变工作方式和服务方式，提高管理水平与服务效能。我馆研发的图书馆集群管理平台（interlib）作为"区域图书馆集群管理与协同发展模式"的基础性技术，为城市图书馆总分馆体系的建立提供了核心平台，在短期内使各成员馆的管理和服务水平跨上了一个新的台阶，节省了运行成本，全面提高了城市图书馆总分馆体系的服务效能。

基于技术开发和运用的自助图书馆和图书馆ATM服务，投资小、见效快、效益明显。自助图书馆使我们的服务延伸到全天24小时，图书馆ATM则有可能使图书馆服务渗透到城市的任何角落。

（3）具体的才是丰富的

图书馆工作是实在的具体的，而其折射的理念却是丰富的。譬如，在自助图书馆的开发实现过程中，就充分体现了"读者至上""细分读者""成本效益"和"继承创新"理念。首先，自助图书馆的设立，实现了图书馆24小时全天候服务，只要读者有需要，任何时候都能得到图书馆服务，体现了"读者至上"理念；其次，闭馆期间需要图书馆服务的人毕竟是少数，根据这部分读者的特殊需求，把自助图书馆设置成一个独立的区域，

配备相应的设备、设施和资源，体现了"细分读者"理念；第三，自助图书馆是"无人值守"的图书馆，运营成本低，服务时间长，服务效果好，较好地体现了"成本效益"理念；第四，自助图书馆是将应用比较广泛的图书自助借还设备与门禁系统、监控系统和 interlib 管理系统进行整合和增值开发后推出的一项全新的图书馆服务，因此又是"继承创新"理念的具体体现。

城市图书馆：充满希望的新天地*

新世纪，随着我国经济和社会持续稳定发展，城市化进程明显加快。孕育、成长于城市中的图书馆既是城市化发展的应有之义，也为图书馆事业自身发展开辟了新的空间。

城市图书馆是一个城市区域发展的文化标志，它集城市书房、城市记忆、城市精神家园等功能于一体，服务于当地政治、经济、文化、科技等各个领域，以丰富的知识和多彩的活动引领着城市的阅读风气，影响着城市品位的提升和城市精神的凝练。城市图书馆应是结构有序、便捷高效的图书馆服务体系，以图书馆群整体形态成为城市的有机组成部分。它以总分馆制、图书馆联盟、图书馆之城、联合图书馆、图书馆集群网络等方式让更多的市民享有知识服务的权利。

城市图书馆体系建设过程既是图书馆工作难点所在，也是图书馆行业希望所在。我们应改变以往的工作与研究思路，以图书馆整体协同发展为指导，从更大的范围、更新的视角重新审视图书馆在地域时空范围内的布局、结构、工作内容、承担的任务、发挥的作用，重新分析和认识当今社会的发展与需求、图书馆工

---

* 原载于《图书馆建设》，2007年第1期，《城市图书馆》专栏开栏语。

作的信息属性、现实应用技术基础、地域经济环境等诸因素对图书馆的影响，形成新的发展战略。而在以城市为基准的时空范围内，最容易引发和实现网络环境下图书馆生存形态的重新组合，最容易获得图书馆业务新的认知与发展。由此，为我们开辟了丰富多彩的图书馆实践空间和业务研究领域。理论与实践的紧密结合，将使城市图书馆事业充满魅力和富有成效。

有鉴于此，东莞图书馆和黑龙江《图书馆建设》编辑部联手推出《城市图书馆》专栏，汇集城市图书馆建设的新思路、新探索、新举措，探讨城市图书馆发展中遇到的问题及其解决办法，注重以具体的案例介绍城市图书馆实践探索和实证研究，为现实中蓬勃发展的城市图书馆事业提供映射和参照。

城市图书馆：在变革中生长在探索中前行*

新世纪，随着我国经济和社会持续稳定发展，城市化进程明显加快。正如著名图书馆学家阮冈纳赞揭示图书馆生长状态和发展规律的定律——"图书馆是一个生长着的有机体"——所言，在迅猛推进的现代化和城市化浪潮中，孕育、成长于城市中的图书馆也在重新分析和认识当今社会的发展与需求，积极寻找应对之策，开辟着自身发展的生长空间。

我们欣喜地看到，一座座匠心独具气势不凡的图书馆新建筑在各地城市中矗立起来，为城市带来了新的文化景观和文化象征；作为图书馆人，我们更深刻地认识到，城市图书馆事业的繁荣发展，不仅仅是一个个图书馆建筑造型、外观的日新月异，其真正的意义在于内在功能、社会价值的实现及发展模式的探索与变革。由此，根据现代图书馆变革的趋势，我们开始从城市图书馆整体层面上思考图书馆的发展，并且以新馆建设为契机，在推行总分馆制实现城市图书馆集群管理、以读者为中心建立城市中心图书馆建设模式、发挥图书馆优势推动城市阅读等方面进行了

---

* 原载于《城市图书馆建设的实践与思考》，李东来主编，北京：北京图书馆出版社，2007年。

艰苦而富有成效的探索。在变革的大背景下,重新思考和建构了城市与图书馆、图书馆建筑与功能、体系建设与管理模式、现代技术与传统手段、资源与服务、布局与环境等方面的关系,图书馆在适应社会、城市和人的发展中,展现出新的生机,焕发了新的活力。

2006年,在历史与现实的交汇处完成了起飞前的助跑后,东莞图书馆朝着既有的目标更加坚定前行。这一年是收获的一年:我们的总分馆体系建设进入了由点到面、由分散到融合的全面推进阶段,并且与全国文化信息资源共享工程有机结合,不断向基层延伸,建立了1个总馆18个分馆100个服务站的集群图书馆网络和118个文化信息资源共享工程服务点,国家文化部4月份在东莞召开了全国区域图书馆协同发展交流会,"区域图书馆集群管理与协同发展模式"项目获得了第二届国家文化部创新奖;我们将全年工作主题定为"活动年",充分利用漫画图书馆、儿童天地、衣食住行图书馆、东莞市民学习网等特色服务阵地,不断扩大东莞动漫节、市民学堂、儿童礼仪之家、装饰沙龙等品牌的影响,与全市18家分馆实行联动,全年举办读者活动200余次,接待读者170余万人次,积极发挥出公共图书馆服务社会、服务市民的功能作用,荣获国家文化部"公共文化设施管理先进单位";我们继续主动融入社会,将"城市阅读"作为图书馆与社会结合的突破点,着力深化东莞读书节知识传播活动品牌的打造,中国图书馆学会科普与阅读指导委员会成立大会于"4·23世界读书日"在东莞召开,第二届东莞读书节开幕时举办了"城市阅读论坛",开展各类读书活动400余项,参与群众多达300万人次,引导培育城市阅读习惯,营造城市读书氛围,被中国图书馆学会授予"全民阅读活动先进单位"称号。我们正在以图书馆群整体形态成为城市的有机组成部分，对我们所选择的城市图书馆发展之路充满信心。

我们也密切关注到，在图书馆实践和业务研究领域，城市图书馆成为出现越来越频繁的词语。2006年，城市图书馆建设热潮持续兴起，总建筑面积近10万平方米的广州图书馆新馆在3月破土动工，总建筑面积5万平方米的深圳图书馆和总面积8万多平方米的南京图书馆在7月和11月相继落成并投入使用，国家图书馆和首都图书馆、广东省立中山图书馆、上海图书馆等都已经或将要开始进行二期工程。城市图书馆研究正在起步推进，在2006年有数本研究专著相继出版。如上海图书馆王世伟先生的《世界著名城市图书馆述略》和《城市图书馆论丛》，东莞图书馆的《城市图书馆新馆建设》和《城市图书馆建设文集》，深圳南山图书馆程亚男女士的《流动的风景——图书馆之旅》，广州图书馆刘洪辉先生主编的《现代化进程中的城市图书馆建设：第十八届全国十五城市公共图书馆工作研讨会论文集》等。

城市图书馆的迅猛发展和城市图书馆研究进一步深入，迫切需要城市图书馆理论与实践的紧密结合。丰富多彩的实践带来的众多研究课题，有待于理论的指导，也有待于理论上的提升。近年来，我们一直致力于推动理论与实践结合的研究。我们在馆内倡导实务性研究，不断深化学习型组织建设，加大力度推行项目管理，通过实务性项目的组织开展，创造良好的学习和学术氛围，强力带动与实践相结合的业务研究，引导员工将图书馆不仅作为工作的平台，而且作为提升自我和业务成长的平台，要求员工不仅要认真工作，还要去认真思考，凝固思想。我们尝试建立城市图书馆研究的联系通道和交流平台，在 2007 年初和《图书馆建设》编辑部联手推出《城市图书馆》专栏，注重以具体的案例介绍城市图书馆实践探索和实证研究，旨在汇集城市图书馆建设的新思路、新探索、新举措，探讨城市图书馆发展中遇到的问题及其解决办法。也因此，我们在 2006 年出版了《城市图书馆建设文集》后，2007 年再次将以我馆员工为主撰写的论文结集成书出版，希望从理论和实践相结合的角度为现实中蓬勃发展的城市图书馆事业留下思考的足迹，也借此希望更多的业界人士关注城市图书馆的发展态势，共同推动城市图书馆事业的繁荣发展。

展望未来，任重道远。城市图书馆是一片充满希望的新天地，我们将继续推进城市图书馆理论与实践的发展和创新，在探索中不断总结，不断提升。愿我国城市图书馆事业迎着历史发展的机遇实现新的跨越。

走近城市里的图书馆[*]

2002年9月,我从东北都市来到新兴城市——东莞。虽不是"陈奂生上城",却是"李东来下城",不信,看看地图就知道了。但不管是上城还是下城,都是和城市结缘。换了个环境,异样的感觉与奂生兄是一样的。于是开始了解城市,走近城市里的图书馆。

改革开放以来,我国社会的进步和发展可以看作城市化水平提升的过程。东莞的发展进程是中国快速城市化的缩影。20世纪80年代初,东莞还是个农业县,30年间,其GDP以每年递增20%的速度发展,至2007年已经进入"3 000亿元俱乐部"[1],迈入城乡一体化阶段。记得1994年开发图书书目光盘时,曾到文化部汇报,当时图书馆司的杜克司长看了系统演示后曾言及全国约有450个城市,希望其图书馆都能用上光盘检索,促进文献共享。仅过10年,至2004年底,全国共有建制市661座、建制镇20 000多个,我国城市化水平达41.8%[2]。世界城市化发展的规律表明,当一个国家或地区的城市化水平达到30%左右时,城市化进程将进入快速发展阶段。当前,我国进入城市化加速发展的新阶

---

[*] 原载于《图书馆建设》,2008年第4期,编委专栏寄语。

段，中小城市数量迅速扩张，各级城市普遍得到发展，已经形成以大城市为中心、中小城市为重点、小城镇为网络节点的城市化进程格局。

城市是图书馆发展的摇篮。城市化进程的加快使城市日益成为大众社会文化创造和传播中心，成为人民群众居住、生活、学习现代文化知识、提高自身素质的集居之地。蓬勃发展的城市既有力促进社会经济的发展，同时也促进社会科学、文化、艺术的进步。而图书馆的文献收藏功能、信息传递功能、知识交流功能、社会教育功能以及建筑物的文化符号功能等是一个城市不可缺少的文化要素，契合了城市发展的需要。城市化程度越高，人们对知识和信息的需求越强烈、越迫切，对图书馆的需要就越多。

我深深感受着城市对图书馆的热情。在经济发达的珠三角，各个城市相继掀起了新一轮图书馆建设热潮。这从深圳、东莞、顺德次第开放的新馆可以看到，从省立中山图书馆、广州图书馆的巨无霸般的新馆建设也可以看到。新馆是一个城市对图书馆的渴望，是新时期转型社会对知识追求的一种表现形式。不仅于此，城市对图书馆的希望和要求也在增多和提高。如：深圳首先提出了"图书馆之城"；广州市图书馆业务骨干到高校脱产培训；佛山市加大城市整合力度推行"联合图书馆"；东莞在文化新城建设中以"文化的内容是知识"为指导打造"图书馆之城"；等等。而在全国，情形大体也如此，如南京、重庆、北京、杭州等开放和在建的新馆，上海中心图书馆体系建设等。尤其应当指出，北京市人大通过了《北京市图书馆条例》，将地区内的各种类型图书馆建设都纳入城市法制发展轨道之中。各地媒体对图书馆的关注程度也与日俱增。图书馆的发展和城市的社会发展同民生幸福指数等联系在一起，城市在召唤着新时代的图书馆。

面对机遇，城市里的图书馆人也在积极地探索与付出：各种形式的城市图书馆体系建设如火如荼，总分馆制、联合图书馆、集群管理、全城一卡通等不一而足；长春的城市热读、天津的延伸服务、深圳读书月、苏州读书节……图书馆和城市的互动在增多，在拓展；各地图书馆通过丰富多彩的讲座、展览、读者活动拉近了与市民的距离；流动图书馆、数字图书馆等更是走近市民身边，实现了居家阅读；图书馆人自己打出的开放、免费大旗，热热闹闹，引领时尚。图书馆不仅仅是文明城市的装饰品，也不仅仅是文明城市的营养品，图书馆还应成为文明城市的必需品。这一点，图书馆人正在用自己的知识与智慧、勤劳与汗水实践着，解释着，证明着。

近观城市图书馆建设热潮可以发现，这种建设热潮目前主要是实践层面的，是现实状态的感知与描摹，且大多是外观形态概览介绍，欠缺系统与深入，没有学理层面的讨论、思考、提炼。这与我国经济界状况相类似。虽然近几年有"长三角城市图书馆发展论坛"、上海图书馆王世伟承担的国家社会科学基金重点项目"世界级城市图书馆的目标与指标体系的研究"等会议和科研项目，使用城市图书馆的概念也越来越多，其研究论文的数量有了大幅增长，但总量仍显偏少。

国际图联大都市图书馆委员会主任施伊特伦认为："城市图书馆在图书馆领域是一个重要的且具有影响力的机构。"[3]网络技术发展，时空距离的突然缩小，使得原有图书馆体系受到重大影响甚至是冲击，让我们常有忧患与恐慌，好似头顶总悬着达摩克里斯之剑。而城市则是图书馆服务在实体与虚拟两者间相结合的最佳空域,能够促进图书馆的转型与发展。在我国,城市图书馆正成为行业体系转变、服务模式拓展、技术资源重组、社会和谐共生的试验地与先行者,其影响远未充分发挥出来。针对现实、提炼经验、回归应用、指导实践,是图书馆研究的应有之义;提倡拿来主义,加大引进、移植、复制、宣传、共享,以案例形式研究更为现实所需,能使城市图书馆实践之花结出理性之果。

毕红秋女士,东北老乡,《图书馆建设》干将,人也干练、爽快,听她超音速般不停顿地说话,就可以大略知道在你面前的是个什么样的人。我平素言语不多,常常迟钝甚至木讷。当我们在一起交谈时,真应了那句俗话"你说一句她有三句等着"。红秋言行风风火火,做事却是毫不含糊的。2006年4月23日中国图书馆学会科普与阅读指导委员会在东莞成立,毕来参会,看过新东莞图书馆,知道我们的"城市图书馆研究书系"计划,希望能有合作。8月份在电话中初步确定,约好10月份参加在井冈山召开的图书馆学期刊工作会议后再来东莞面商。那天毕乘早晨5时到东莞站的火车,我开车去接。东莞火车站离市中心远点儿,需40多分钟车程,这是东莞快速城市化后的农村遗迹。常有来莞的友人从深圳过来,以为火车最方便,30分钟就到了,殊不知,他下了火车,乘出租还要四五十分钟才能与下城的李东来相见。到站,接站,送到宾馆。毕稍事休息,便来馆相谈,一拍即合。我们商定,在《图书馆建设》中开设专栏,记录和反映城市图书馆建设与研究,主要是通过案例形式介绍红红火火的城市图书馆各方面工作状况及背景思考,通过文图并茂形式予人切实直观的感受。毕还提出,应增加彩图,能有焕然一新之感,真正使刊物出彩!其对从事工作的热爱和对《图书馆建设》的呵护溢于言表。毕午饭后3点就离开东莞,在莞前后仅10小时,来去匆匆。于是2007年在《图书馆建设》杂志上,有了"城市图书馆"专有的一块园地,每期也都有专题侧重,诸如新馆建设、专题图书馆、社区图书馆、网络集群、阅读活动等。我也好似拾到了陈奂生的帽子,有了下城的归宿。

今年正值《图书馆建设》而立之年,应该庆贺。从栏目设立可窥知刊物成长之路。肖红凌让家庭成员都说一说。我想了好久,也不知说啥好。还是觉得自己家的园子最有发展前途。行业内大姐大刘小琴司长已经说了:"城市图书馆方兴未艾,城市图书馆大有作为!"[4]广阔天地呀!

欢迎大家来园子里植花种草,只要是鲜活的就行。

走近再走进"城市图书馆",你会发现更多的精彩!

参考文献

[1] 东莞市统计局. 2007年东莞市国民经济和社会发展统计公报[EB/OL]. [2008-03-31]. http://wenku.baidu.com/view/b7153e1052d380eb62946d 84.html.

[2] 国家统计局城市社会经济调查司. 中国城市统计年鉴(2005)[M]. 北京:中国统计出版社,2006.

[3] 王世伟. 世界著名城市图书馆述略[M]. 上海:上海科学技术文献出版社,2006.

[4] 刘小琴. 城市图书馆大有作为[M]//李东来,冯玲,肖焕忠,等. 城市图书馆集群化管理研究与实践. 北京:北京图书馆出版社,2005.

访谈：推进城市图书馆事业不断发展[*]

新世纪以来，我国图书馆事业正面临着前所未有的发展机遇。城市图书馆的崛起，意味着我国图书馆事业进入了跨越式全面发展的关键阶段。探索建立适合我国国情的城市图书馆管理体系，推进城市图书馆事业的整体发展，已成为图书馆人亟待解决的新课题。2006年1月，接受《高校图书馆工作》特约记者崔凤雷专访，介绍了东莞图书馆的具体做法和体会。

1. 东莞：一个新兴的现代化城市，一个开创事业的新平台

问：您好！李东来馆长，很高兴您能接受采访。据我们了解，您原是辽宁省图书馆副馆长，2002年9月作为高级人才引进到广东，就任东莞图书馆馆长。我们看到，近几年来东莞图书馆事业得到了快速发展，您也建立了开创事业的新平台。我想问的第一个问题是，您为什么抛开原来很好的工作环境和事业，选择来到东莞。

李东来：世纪之初，城市图书馆面临着深刻的变革。我一直

---

[*] 原载于《高校图书馆工作》，2007年第2期，有删节。

在思考这种变革,希望找到一个施展的舞台和一片实施的土壤。这时,东莞4.5万平方米的新馆动工兴建,并面向全国招聘馆长。在世纪之初,有这样一个现代化的图书馆新馆,对我来说是有一定吸引力的。加之东莞是个新兴的现代化城市,其城市发展和经济实力、文化追求,政府对文化事业的重视以及市民不断增长的文化需求,对图书馆事业的发展,是相当难得的机遇。我感到,自己对图书馆变革的认识,以及建设新型图书馆的设想,能够在这里得到实现。但从北到南,这中间的空间跨度的确是非常大的。最后决定选择东莞,我把它归结为"四个感召":第一,是这座城市发展活力和朝气的感召;第二,是市委、市政府引智政策的感召;第三,是当时正在筹建的这座新的现代化图书馆的感召;第四,是引智办工作人员务实、高效和富有人情味的工作作风的感召。

问:您提到图书馆面临的深刻变革,主要有哪些?图书馆如何应对?

李东来:首先是信息需求的变化。信息与文献量的急剧膨胀导致社会由信息稀缺进入信息过剩阶段,人们对文献信息的需求日益多样化。其次是图书馆服务需求的变化。对图书馆服务的内容、服务环境与设施、服务方式与功能提出了多样、便捷、舒适、互动的要求。第三是技术环境的变化。计算机网络技术的发展,使获取信息的经济成本已经降低到普通大众可以承受的水平。我想这些变化对图书馆发展的未来走向影响是非常大的。随着经济文化发展到一定阶段,作为文化载体形态之一的图书馆一定会发生跨越性的质的变化。主要表现为:在组织形态上,由单馆向群体(集群)发展;在功能上,由单一的文献查阅服务向多元化文化中心转型；在技术上，先进的计算机网络技术全面应用；在管理体制上，由行政管理向行业管理、资源的高级整合和充分利用等转变。因此，我认为，城市图书馆事业发展已经进入了以集群化管理为主要特征的新时代，应该从管理体制、管理技术、服务体系等方面进行改革、探索和创新。在东莞，对新馆和图书馆事业发展的战略构想和规划正是基于对这种变革的把握而形成的。

2. 整体化发展：衡量城市图书馆事业发展水平的重要标志

问：您认为图书馆正面临大的变革，需要新的办馆模式。那么，在现实中您如何体现这种战略构想和基本思路？

李东来：新馆的办馆思路，一是考虑社会环境的变化，一个是图书馆发展本身的要求。2002年9月我到东莞后，头两个月的主要任务是开展调查研究，掌握东莞经济社会发展实际和图书馆发展现状，对应图书馆发展的趋势和需要，理清工作思路。这个工作的结果就是《东莞市图书馆新馆建设与发展规划纲要（2002—2010）》（下文简称"《纲要》"），对东莞图书馆未来发展蓝图进行了描绘，把对图书馆变革的思考和认识转化到具体的操作层面。《纲要》制定后，成为我们后来各项工作推进的指南和行动纲领。

问：我看了《东莞市图书馆新馆建设与发展规划纲要（2002—2010）》，它点面结合：一是东莞图书馆新馆定位和发展目标、任务；二是地区图书馆事业的发展规划。我的问题是：您就任的是市图书馆馆长，为什么会把目光放到整个地区图书馆事业的建设？

李东来：《纲要》从东莞地区的图书馆事业发展整体着眼，强调新馆的龙头和中心作用。这其中最重要的就是体现了图书馆区域整体协调发展思想。我认为，现代城市图书馆整体化的发展趋势越来越强，在新的环境条件下，我们要有大图书馆的视角，实现从单馆到多馆的思维转变，从城市发展的角度来思考图书馆的发展。基于这样的认识，在《纲要》里就有了一个点面结合的目标规划，点是关于新馆的定位与建设，面则是如何创新东莞地区图书馆发展模式。从某种程度上说，一个城市图书馆的整体化程度，是衡量这个城市图书馆事业发展水平的重要标志。具体到东莞，要满足2 465平方公里土地上800多万人口对图书馆服务的需求，只有点面结合，发挥集群优势，才能实现我们的办馆宗旨，服务好广大市民。

3. 总分馆制：构建东莞城市图书馆发展模式的探索

问："总分馆制"是《纲要》中提出的创新东莞地区图书馆发展模式的具体形式，您能谈谈这方面的情况吗？

李东来：我国图书馆事业管理是以行政区划管理体制为主导，条（系统）块（区域）分割，影响了图书馆整体效益的发挥。立足现实，学习和借鉴先进的城市图书馆管理经验，寻求现行体制下事业发展的突破，是东莞图书馆发展和创新要面对的主要问题。

东莞有其自身良好的条件：一是较为特殊的市区（镇）二级管理体制；二是镇（区）经济高度发达，已实现城市化；三是市委、市政府高度重视图书馆事业，将"图书馆之城"作为三大城市文化品牌之一来打造。2004年，我们拟定了《东莞地区图书馆总分馆制实施方案》，经文化局审定后上报市政府，市政府很快以东府办[2004]56号文下发，明确在东莞地区推行实施总分馆制，要求各镇人民政府（区办事处）、市府直属各单位认真贯彻执行，为总分馆体系的建设和发展创造了良好的政策环境。

总分馆制的推行，在经费上，由市政府统筹安排镇区分馆业务管理系统和网络通信基本费用，保证了基层图书馆采用同一系统，利用总馆资源，开展业务工作的基本条件。在考评促进上，将"建设共享工程基层中心"、"参与东莞地区总分馆体系建设"、"与市图书馆联网"等图书馆建设方面的要求纳入镇区、村（社区）、企业（单位）文化建设的考评标准，建立起总分馆建设的激励机制。同时，总馆和分馆是一个统一的整体，共同构成一个地区图书馆网群，其业务管理集中于总馆，由总馆牵头制订了一系列的工作程序、规范标准和规章制度，用以指导总分馆建设，保证了工作流程的统一和顺畅，保证了服务的水平和质量。

4. 东莞图书馆新馆：加强自身建设，发挥城市中心图书馆作用

问：我们再来谈谈点的建设。在新馆的定位上，您认为要把新馆建设成为现代城市中心图书馆，为什么？

李东来：我们知道，城市中心图书馆概念的提出，是试图打破现行行政管理体制对图书馆事业发展的束缚，让市级图书馆获得"合法领导"地位，成为全市各级图书馆理所当然的管理中枢和技术中心，以便整合全区域公共图书馆的所有资源，形成一个

布局合理、资源共享的城市图书馆服务网络。

城市中心图书馆对城市图书馆事业发展有着相当重要的作用：第一，有利于实现集中有效的统一管理；第二，有利于对整个城市图书馆事业的发展进行全面规划，使其布局合理，均衡发展；第三，有利于建立地区性文献资源保障体系；第四，有利于图书馆工作的高度组织化，实现图书馆业务工作有序化、规范化、标准化和网络化；第五，有利于增强图书馆服务的便捷性，尽可能方便群众，贴近社会，增强效益。

根据东莞经济文化发展大趋势和图书馆事业发展目标，我们把新馆放在"领头羊"的位置，以带动形成统筹规范、集中管理、特色服务、分工协作、互相补充的公共图书馆服务网络体系，加速图书馆事业的发展。

东莞图书馆新馆定位是：以数字化图书馆为基础，体现知识交互理念，融合传统图书馆功能的现代城市中心图书馆。可以看出来，这里面有4个构成要素。因此，在新馆建设过程中，我们按照中心图书馆定位进行资源配置：通过开发数字图书馆进行资源整合，已经初步形成规模，积极推进文化信息共享工程；通过采用现代信息技术手段，提高传统图书馆的服务能力，增强实力；通过开展多元化服务，拓展服务领域，最大限度地满足读者的需求。此外，我们前面提到的业务系统的开发，本身也是立足于城市中心图书馆和整个地区的。新馆的人员、技术、资源优势和中枢地位十分明显，在统一管理、业务组织、技术开发上发挥了重要作用。

问：我很高兴借这次采访机会参观了你们的新馆，给我留下很深刻的印象。您能不能介绍一下你们新馆的布局、功能和特色？

李东来：在规划新馆时，我们认为，在单馆环境下，如何满足读者多元化的需求，需要对图书馆的功能重新审视。现在到图书馆来的读者，我觉得可以用"休闲、交互、学习"3种形态来描述和表达。在以往的认识里，图书馆主要是借书、看书、查资料的地方，是求知的殿堂，功能以阅读为主；但现在的情况有所不同。我前面也提过，人们获取知识的渠道增多了，不一定非要到图书馆来学习。人们对图书馆有了多元化的需求，并且需求的功能顺序都在发生变化：第一是休闲，这类读者来图书馆的目的性不强，看看书，参与一些活动，感受知识气氛，放松心灵；第二是交互，将图书馆作为一个信息交流场所，人与书交流，通过展览讲座与名人交流、行业间交流，通过活动互相交流，比如一些行业性的组织可以利用这里的环境、设施和资源举办沙龙活动等进行聚会；第三才是学习和求知。和以往相比，图书馆更是一个地区的社会文化中心。

新馆的功能设置、业务布局和配套环境就贯穿着我们的这种思考和认识。以读者为中心在新馆得到了很好体现。在整体布局上，按楼层从下到上、人流从多到少的金字塔走向进行了服务分区，把读者活动较多的服务窗口放在一楼。在个性化服务上，我们主要侧重于专题馆建设，提出专题立馆，如漫画图书馆、大众生活主题图书馆、粤剧图书馆等多个专题馆。在阅览区域的空间布局上，尽可能做到"人在书中、书在人旁"，让读者很方便地进行阅读、查找。在方便读者和完善功能设施上，开通了自助图书馆，提供夜间自助借还、阅览服务，还设有购书中心、咖啡厅等。在具体工作中，我们研究读者需求，细分读者类型，按照知识阶层、普通市民、外来务工人员、农民、青少年、老年人等不同的群体来提供组织资源和服务。这样，读者到图书馆来学习、研究、活动、休闲，可各取所需。

问：谢谢您接受我们的采访。我们在东莞，不仅感受到图书馆发展的勃勃生机，而且从您的访谈中了解了这种发展背后的思路指导和独特创造。衷心希望东莞图书馆能够保持这种良好的势头，早日实现腾飞之梦。

李东来：谢谢！

新世纪图书馆整体协同发展观

图书馆整体协同发展是图书馆走向现代化的发展过程，是网络环境下新出现的图书馆组织与生存形态的映照，体现着图书馆新的管理理念和运行机制，代表着图书馆的发展趋向。

网络信息技术是图书馆整体协同发展的有力支撑，其应用的程度决定了实现区域图书馆整体协同发展的难易程度。

图书馆集群及其管理是新时期图书馆整体协同发展观的现实承载形态，建构并完善着现代图书馆服务体系，具有图书馆事业重建和理论重构的双重价值。

集群化管理:城市图书馆发展的必然选择[*]

迈入新世纪,随着信息社会与知识经济的深入发展,图书馆的生存环境产生了较大的变化。信息与文献量的急速膨胀导致社会由信息稀缺进入信息过剩阶段;人们获取知识信息的渠道越来越多,对文献信息的需求日益多样化;而网络技术的飞速发展,使得获取信息的经济成本已经降低到普罗大众可以承受的水平:由此,导致图书馆的读者需求、工作内容、业务管理、服务效能等诸多方面都面临新的情况与要求,催生和激发图书馆发生众多改变,突出体现在图书馆整体化的发展趋势越来越强。可以说,目前我国的图书馆事业已经进入区域整体协同发展时期。

图书馆的整体协同发展,需要我们调整和改变以往的工作思路,从更大的范围和更新的视角重新审视图书馆在地域时空范围内的布局结构、工作内容、承担的任务、发挥的作用,重新分析和认识当今社会的发展与需求、图书馆工作的信息属性、现实应用技术基础、地域经济环境等诸因素对图书馆的影响,进而形成新的发展战略。合作采购、联合编目、辅导协作、资源共享、联合发展等馆际间

---

[*] 原载于《城市图书馆集群化管理研究与实践》,李东来等编著,北京:北京图书馆出版社,2005年。

的合作，历来为图书馆界所积极提倡，也有各种形式的合作组织出现，并发挥了积极作用。但以往的图书馆间协作与联合，多为单项性的，少有综合性的整体性的，且多为松散型的协作性组织，未能有效和充分地激活与利用图书馆的各种资源，联合的成效因而受到很大影响。要实现图书馆由单馆到多馆，信息资源由孤岛到共享，读者服务由一馆独立到多馆联动，需要以大图书馆理念为指导，建立起图书馆集群概念；需要有以技术为依托的整体化管理来承载集群的运作，管理的紧密程度将决定图书馆集群资源聚集与能量释放的能力。可以说，集群化管理，是图书馆整体协同发展的需要。

城市作为国家行政管理区域的基础形态，伴随我国城市化的进程，将成为公共图书馆发展的基石。城市是一个区域的经济文化生活中心，其相对较好的经济基础为城市中心图书馆提供了较好的载体支撑。城市也是民众的主要生活圈，人们一般的生活需要大多可以在城市范围内得到解决，因而城市内的人们集聚度高并且活动频繁。遵循公益、开放、丰富、便捷的原则，城市内的各级图书馆为民众提供文献信息和知识传播服务。要使这种服务达到更高的水平，能够优质高效地满足人们的多种文献信息需求，需要通过城市图书馆服务体系来实现。体系的构建需要真实抓手，需要核心环节。以城市为基础，建设结构有序、功能完善的城市图书馆服务体系，可以更好地发挥出城市中心图书馆的优势，从而带动基层图书馆的发展。国内外比较成型的区域图书馆服务体系大多也是以城市为基础的，如我国香港地区、新加坡、纽约等。体系需要管理，图书馆集群化管理就是图书馆服务体系的具体承载和实现方式，城市范围可以为图书馆集群管理提供较好的展示舞台。也可以说，城市图书馆服务体系要求图书馆的集群化管理。

图书馆集群及其管理研究[*]

新世纪我国图书馆事业迎来了一个充满希望生机蓬勃的春天。社会的进步、经济的发展、科技的创新、城市化进程的加快、信息化建设的推进等，诸多因素为我国图书馆事业的发展创造了良好的条件。在网络环境下，图书馆集群作为新出现的图书馆组织和生存形态，重点解决体制和技术障碍问题，逐渐形成和发展起来，并逐渐成为图书馆行业研究热点。

1. 图书馆集群概念及特征

图书馆集群有两个主要引进来源：网络集群和产业集群（或称企业集群）。

网络化社会的形成，加速了图书馆之间的联系与互动，促使图书馆由单体独立运作为主向群体合作为主过渡，图书馆群体间的联系越来越紧密，由以往单纯的、松散的协作式组织网络向现代网络技术支撑的紧密型一体化网络演进。由此，在现代网络和通信技术中广泛使用的集群概念被直接应用和引进到图书馆行业

---

[*] 原载于《图书馆论坛》，2009年第6期。

中来；同时，在区域经济发展中比较成型的产业集群理论，也被图书馆集群研究所借鉴。

(1)"集群"概念及相关研究介绍

在百度百科中这样描述：集群（cluster）就是一组计算机，它们作为一个整体向用户提供一组网络资源。这些单个的计算机系统就是集群的节点（node）。一个理想的集群是，用户从来不会意识到集群系统底层的节点，在他们看来，集群是一个系统，而非多个计算机系统。

集群是一种并行或分布式处理系统，由连接在一起的独立计算机组成，像一个单独集成的计算资源一样协同工作。在服务器集群系统中，服务器不再分布在各处，而是集中在一起统一进行管理和维护。它既保持了分布式客户机/服务器模式的开放性、可扩展性的优点，同时又具备了终端/主机模式的资源共享和集中易于管理的优点。相对集中的集群系统，能够降低系统管理的成本，而且还提供和大型服务器系统相媲美的处理能力。集群技术的研究可以追溯到20世纪80年代，对集群的需求起源于集群系统良好的性能可扩展性(scalability)。到20世纪90年代，集群技术已经被广泛用于IT行业[1]。

在牛津词典中，集群（cluster）是一组在一起发育的相似的事物。柯林斯简明辞典认为"集群"就是"一定数量的紧密生长在一起的同类事物、人或者事物的聚集"。Schmitz认为企业集群是企业的地理和部门（sector）集中，集群能使企业获得单个企业无法获得的收益，这种收益来自集体效率。VanDjjk和Rabellotti认为企业集群是一组在空间位置上接近的企业，它们专业化于生产相同或相似的产品。Visser 和 Langen 认为企业集群是一组从事生产相同、相近、相关活动的企业地理集聚体，它们之间在专业化生产、企业间劳动分工、相互分包等方面可能有合作也可能没有合作，只有在发达的企业集群，为了实现战略意图，不同企业才进行互动、合作、学习等活动，并使其合作努力制度化。波特认为产业集群（local clusters of enterprise 或 industrial cluster）是一组在地理上靠近的相互联系的公司和关联机构，它们同处在一个特定的产业领域，由于具有共性和互补性而联系在一起。集群中的个体都具有一定的资源和适应性，具有一定的主动性，有自己的目标、内部结构和生存动力，个体间具有一定的物质和信息流。作为复杂系统的产业集群，是多层次的，和外界不断交互作用、不断发展和演化的活生生的主体。20世纪 60 年代以后，普利高津提出的耗散结构理论、哈肯构建的协同学、艾根发表的超循环论等都对自组织系统进行研究，并在世纪末形成处理一切复杂性系统的理论。复杂系统的研究可以很好地应用于产业集群研究中来[2]。

国内外众多学者从不同的学科角度和不同的侧面对"集群"的概念和性质进行了研究和界定，这为图书馆集群的实践与理论建设提供了基础。

（2）图书馆集群概念

目前对图书馆集群尚没有科学严谨的共识定义，在此给出一种描述性解释：

图书馆集群是指一定区域内的众多具有分工合作关系的不同规模等级的图书馆（包括公共图书馆、学校图书馆、科研图书馆等）通过网络联系在一起，形成联系紧密、组织有序、功能清晰、管理规范的图书馆资源共享与服务的有机体系。它是网络环境下新出现的图书馆组织与生存形态的映照，体现着图书馆新的管理理念和运行机制，代表着图书馆的发展趋向。

图书馆集群与网络集群和产业集群也有异同。从 IT 业借鉴而来的网络集群，与图书馆集群在组成和功能输出等描述上更为接近，也是我们引进集群概念的起因。而以社会经济组织为研究对象的产业集群研究，历史更为悠久，研究方法和成果更为丰富，有益于图书馆集群研究的拓展和深化。所不同的是：产业集群侧重区域某类产业的集成度和密集度以及产业链的配套与完整；而图书馆集群更多的是侧重图书馆间的关联和功效，强调一体化的整体性能，这更近于网络集群强调的关联性。也可以说，网络集群以机器群的组成和配置为主，体现出整体刚性；产业集群以社会组织群的组成和配置为主，体现出组织柔性。

产业集群明显体现出产业内容的专题性和空间区域内同类企业的密集度，而图书馆集群则更多体现群体内图书馆的联系紧密度和资源集群能力以及服务效能的发挥。集群的相同之处都是使系统整体功用最大化。网络集群是为了整体性能强大而稳定，产业集群是为了提高产业竞争力，图书馆集群则是为了提高区域图书馆整体的服务能力，是为了提高图书馆行业的生存和发展能力。

需要指出的是，没有现代网络连接的图书馆组织系统不是现代意义上的图书馆集群，因其难以实现图书馆集群间的紧密联系和业务资源互动，进而难以体现出集群功能输出的整体同一性。

（3）图书馆集群的特征

图书馆集群一般都具有以下的共同特征：

① 图书馆集群内的图书馆（节点）同质性非常明显，这与图书馆的行业共性特点相关。其组成常常是大小不同、强弱有别，但工作性质和服务属性基本相同。这与产业集群注重产业链的配套与完整有明显差异。

② 图书馆集群内的图书馆专业化分工与协作程度相对较高。集群内的图书馆之间，不论大小都表现出高度的合作关系。

③ 图书馆集群依托计算机网络联结成紧密的协作体系。这是图书馆集群区别于以往图书馆协作组织的重要特征。

④ 图书馆的上级主管部门——主要是政府部门——对于图书馆集群的发展多给予大力扶持，提供良好的政策环境。

⑤ 图书馆集群中体现整体形态的管理制度、文化标识、职业培训等是统一和规范的。

⑥ 图书馆集群的整体效用大于各个组成图书馆的简单加总之和，这也是集群的独特魅力所在。

2. 图书馆集群形成原因

图书馆集群的发展是和社会进步与需求提升相伴生而来的。分析其形成原因不外乎外部原因和内部原因两种。

（1）外部原因

图书馆生存环境的变化影响着图书馆的未来走向，这种变化具体体现在信息环境、网络环境、行业环境、用户信息需求上。

随着社会和科学技术的不断进步,信息与文献量急剧膨胀,各种类的信息变得越来越丰富,而且文献更新的周期也越来越短。随着时间的推移和技术的发展,社会已经由信息稀缺进入信息过剩阶段,人们对文献信息的需求日益多样化。

计算机网络技术的发展,使得大量和便捷获取信息的经济成本已经降低到普通大众可以承受的水平。人们获取信息的方式也是多种多样的,不仅仅局限于某一种途径。20年前,在我国很少有人接触过网络。现在,通信网络以及互联网已成为我们社会结构的一个基本组成部分,网络被应用于社会生活的方方面面。信息与网络技术的发展变化令人瞩目,其三大指标因素——CPU的更新换代、计算机存储系统和通信带宽的发展——都是以年甚至月为单位按照几何级数增长,由此带动和促进信息处理、存储、传播的革命。而以文献信息为工作对象的图书馆所受到的冲击是前所未有的。

其他行业积极投身信息服务业,对图书馆形成竞争和挤压态势,图书馆行业发展环境不容乐观。随着社会对信息需求的剧增,我国信息咨询、服务业近十年来得到了迅速发展,各类信息咨询服务机构以其技术、人才、手段等优势参与信息服务市场竞争,为社会提供信息咨询和服务。图书馆原有的资源提供商,在新形势下加大了资源构建和平台整合力度,并且跨越图书馆,直接针对用户,开展针对用户个性需求的服务工作。以往图书馆所拥有的其他信息机构无法比拟的大量信息源地位受到冲击,而作为服务中介的图书馆又由其技术选择应用的敏感度低和体制管理滞后,导致在信息服务领域的竞争力较弱[3]。

读者与用户对图书馆服务的内容、服务环境与设施、服务方式与功能也提出了多样、便捷、舒适、互动的要求。读者需求的提升、需求层次的丰富、广快精准的比较选择等，使得作为传统机制独立服务的图书馆难以更好地独自满足读者要求，面临极大的挑战[4]。

环境变了，需求变了，单独的个体图书馆难以承担相应的社会职能，需要因应而变。

（2）内部原因

图书馆面向社会提供服务时，也面临着自身效益追求，包括社会效益和经济效益。图书馆学家杜威就提出"要以最少的花费为最多的读者提供最好的图书"。节省图书馆工作成本，提高图书馆服务效益，是图书馆业务工作始终不移追求的目标。限于以往多种原因，一个区域内或系统内的各图书馆在馆舍设施、技术装备、信息资源、规范管理、人力资源等方面的状况参差不齐，常常处在各自为政的封闭状态。我们曾分析了当前城市区域图书馆发展面临的问题：一是图书馆提倡信息共享，但缺少支撑整体化发展的实用技术手段，成为整体发展的技术瓶颈；二是区域发展不平衡，图书馆管理条块分割，重复建设，效益低下；三是基层图书馆缺少资源，不仅是缺少文献信息资源，更缺乏设备、人力、技术等运行管理资源，这是现实中的共性问题；四是个体形态的基层图书馆生存维艰，持续、稳定发展成为迫切问题；五是占有较多资源的区域内中心图书馆，没有充分发挥出有效管理和业务统筹职能，未能实现资源效益最大化。因而，在一个更大的范围来看待图书馆群整体的发展，需要有图书馆间的紧密合作，以整体优势和规模效益来解决现实中的问题,满足社会发展的需要。这也是图书馆事业的核心属性——信息共享——所要求和决定的。

对于一个地区来说,图书馆要想实现整体化发展,应做好充分的业务准备和路径认知。应该认识到,由单点到群体,不单单是图书馆业务复杂度的提高,而是图书馆诸多业务形态的重建与重构!现代社会经济技术环境为我们提供了较好的基础,如何选择发展,考验图书馆自己的认知能力和实施智慧。

要适应诸多因素变化的环境,新时代的图书馆必须因势而动,顺势而为,趁势而上。图书馆面临一系列的变革:在组织形态上,由单馆向群体(集群)发展;在功能上,由单一的文献查阅服务向多元化文化中心转型;在技术上,全面应用先进的计算机网络技术;在管理体制上,由行政管理向行业管理、资源的高级整合和充分利用等转变。这主要表现为图书馆整体化趋势越来越强,图书馆集群管理成为改变困境的出路之一[5]。

3. 图书馆集群的结构

图书馆集群具有多层次性,归结起来可以分为两个大的层面:技术层面和管理层面。两个层面都可以有效节省图书馆工作成本,增强服务效益,进而扩大图书馆的社会影响,提高图书馆的生存力和竞争力。从不同的层面实施图书馆集群建设,体现出不同的集群特点和路径依赖。在管理层面可以通过不同方式和不同组织形态来实现,各地出现的众多图书馆合作模式与称呼就是证明。而在技术层面,网络内图书馆间的管理与功能实现大体上是相近或同类型的，技术差异并不大。

（1）图书馆集群分类

由于图书馆集群是一种正在兴起和快速发展的全新的图书馆组织形式，从不同视角，以不同的研究方法进行分析，其侧重点不同，可以形成许多类型。划分标准的不同导致不同的集群分类：

① 按分析层次及主导实现方式划分，可以分为技术主导集群和管理主导集群；

② 按集群内管理地位划分，可有主从与并列两种形态；

③ 按区域范围划分，可有全国性的，也有省地级，更多的是城市图书馆集群和镇区图书馆集群；

④ 按行业类型划分，可有公共图书馆集群、高校图书馆集群、中小学图书馆集群；

⑤ 按集群内图书馆的相互关系划分，即以联系的紧密程度划分，可有松散型集群、半松散集群、紧密型集群。

另外，还有以专题工作内容为基础的图书馆间局部性合作形态。一般来讲，我们更偏重将图书馆个体间综合性的合作形态作为图书馆集群。

（2）图书馆集群常见形态

现阶段图书馆的合作以图书馆联盟、总分馆制、联合图书馆、图书馆之城、流动图书馆等众多形态出现，偏重于管理组织的差异侧重，都是结合区域图书馆群自身条件和特点，采取切实可操作的方式实现的集群形态。虽然起点不同，路径依赖也不同，但它们都在相互借鉴，取长补短，不断完善。随着合作时间的推移和合作程度的提高，差异将渐趋缩小，逐步归类统一。

图书馆联盟是国际图书馆界通过数十年资源共享的实践探索出的一条实现资源共享相对实际、有效的组织形式。图书馆联盟（library consortia），是指为了实现资源共享、利益互惠的目的而组织起来的，以若干图书馆为主体，联合相关的信息资源系统，根据共同认可的协议和合同，按照统一的技术标准和工作程序，通过一定的信息传递结构，执行一项或多项合作功能的联合体。如CALIS、NSTL、上海高校虚拟图书馆网等。

总分馆模式是指城市图书馆纳入一个管理体制，统一管辖，统一经费来源，统一业务行政管理，统一技术支撑系统，统一服务平台和分布式的统一馆藏。在全部图书馆网络覆盖范围内，设立一个地区中心馆，即总馆，负责网络内所有图书馆的公共业务（如采编、读书推广等）和行政管理等，还负责该地区的较大规模的全面的图书馆服务；其他的图书馆作为分馆，根据分馆属性级别，分别负责不同范围、不同层次的本地图书馆服务。总馆—分馆管理模式是国际流行的城市图书馆管理模式，也是解决城市图书馆通借通还较好的管理模式。

中心图书馆制模式，对上海中心图书馆的研究最有代表性。上海市中心图书馆建设模式是，在不改变各参与图书馆的行政隶属、人事和财政关系的情况下，以上海图书馆为总馆，其他区县图书馆、高校图书馆或专业图书馆等为成员馆，以网络为基础，以知识导航为动力，以资源共建共享为宗旨，以提高知识服务水平为目的的一种新颖的图书馆联合体。由于现实体制上的障碍，中心图书馆对来自3个不同系统的分馆分别采取了不同的运行模式：其公共图书馆模式对公共图书馆系统的分馆的资源整合程度高，基本实现了借阅一卡通计划；其高校图书馆模式实质上仍属于图书馆联盟性质，总分馆之间只开展了诸如联合编目、联合知识导航和信息服务等协作；而专业图书馆模式是一种比较特殊的形式，通过重组总馆和分馆的专业文献资源建立专业领域的资源共享共建服务体系，资源整合比较彻底，其理事会也是一种独特的联合管理方式。

联合图书馆制模式以佛山为主。佛山联合图书馆是在中心图书馆的基础上，根据本地区人口数量或地域范围等标准，在不同的区域分别建立布局合理、标志统一、格调统一、管理统一、资源高度共享的贴近市民的小型公共图书馆群，建成所有权全部归属政府的主分馆联合体。集中所有权是"联合图书馆"的核心，它打破了目前国内"一馆一地"的格局，开创城市图书馆"一馆多地"的新模式。

（3）图书馆集群规模

图书馆集群寻求的是图书馆群体的规模效益和整体服务能力，没有一定规模的图书馆集群难以形成对其读者服务的良好能力；因而，规模扩张是图书馆集群发展的一个基本趋势。

图书馆集群规模的界定与要求，应与环境条件、现实基础、社会需求保持动态平衡，以集群输出效能最大为目的。图书馆集群的规模不是越大越好，也不是集群内图书馆的数量越多越好，应理性选择和确定一定时期和条件下的图书馆集群发展规模。

图书馆集群的规模扩张之路要始终与规范管理同行，应以系统性、有效性、可控性为指导，注重整体效果的发挥及其社会影响。在网络高速发展的今天，要密切关注技术发展，多采用技术创新成果，以收事半功倍之效。

4. 图书馆集群管理

图书馆集群管理是以现代信息技术为依托，对图书馆集群进行组织、运行、维护、发展等管理，以提高集群整体的资源集聚效能和服务能力。

成功的图书馆集群，是集群内的图书馆之间结成紧密合作的网络体系，使原本相对分散的信息资源、设备资源、组织资源，以及新知识、新技术和有价值的思想等，在网络中顺畅地流动、扩散、创新和增值；也就是说，图书馆集群是需要高效组织和管理的。

（1）图书馆集群管理的内容

图书馆集群管理有必要从资源的再认识入手。资源是指组织所拥有的有价值的资产，包括有形资源和无形资源。应树立多资源视野，追求多资源共享。图书馆集群管理实质就是对集群相关的所有资源进行综合、平衡、高效管理，重点在集群整体性的相互关系与管理，不深入分析集群内个体变化与发展——虽然在集群环境下的图书馆个体也是变化巨大而丰富，充满诱惑。

图书馆集群管理有4个重要的范畴：资源管理、技术管理、组织管理、创新管理。4个范畴中，资源管理是基础，是集群管理的内容。从新的资源观来看，其他3种（技术、组织、创新）管理也是资源管理的组成部分，同时，又是重要的3种管理方式。

　　图书馆的资源包括文献信息、馆舍、设施、资金等有形资源和制度、技术、人力、服务品牌等无形资源。图书馆资源的概念目前尚未有一个明确的定义，比较有代表性的观点有两种：一种观点认为图书馆资源是指为了资源利用而组织起来的信息集合，它实质是一种动态信息资源体系；另一种观点认为图书馆资源是各类资源组成的有机整体。重新认识图书馆集群的资源种类，拓展资源范围，将一切与图书馆发展相关的因素如馆舍、设备、人员、技术、书刊、数字文献、网络条件、管理体制、政策规范等作为资源予以统筹考虑，综合利用。资源的利用范围和整合效能是图书馆发展水平的体现。资源管理就是对资源加以组织，运用整合的理念、方法、步骤、效果评测等手段使其发挥更大效用。

　　随着信息数字化和网络化发展，图书馆更多地采用先进的技术，加快信息的收集和传递速度，增加文献信息的容量，拓展信息辐射范围，以提高图书馆服务效能，因而对于技术的依赖越来越重。这既是一种趋势，也是图书馆发展的必然。图书馆集群是通过现代网络信息技术组织起来的，技术既是图书馆集群中重要的资源组成，也是图书馆集群的重要管理方式。其重要性甚至可以这样来表述：离开网络信息技术为支撑的合作图书馆群不是现代意义上的图书馆集群！因而，选择技术应用理念，对设备、应用系统、网络、数据等进行管理，开展技术培训、技术标准和规范，都是技术管理的内容。

　　组织是有一定目的、结构，互相协作，并与外界相联系的人群集合体[6]。不同的集群结构对应着不同的组织形态，其相互关系和管理方式也有不同。集群管理中的组织一般是指集群的整体组织，其管理也是对集群整体性的组织管理，因而，树立集群合作理念，建立协调一致的合作目标，平衡集群内各种利益与要求，争取并保证集群整体运行资金，明确规范透明的工作程序，加强集群管理组织职权，发挥中心职能，扩大宣传并争取社会支持，等等，都是组织管理的内容。在当前环境下，体制问题是集群发展的症结问题，各种不同模式多在探索体制上的突破。集群发展过程中，新旧管理体制呈非均衡发展，因而在一定的发展时段内要适度，保持动态发展平衡，逐步扩展。要注意，图书馆集群的组织管理既要善于突破现有体制的束缚，又要善于借用现有体制的资源。

创新实践是图书馆发展的不竭源泉，也是图书馆集群实现价值最大化的重要手段。创新管理就是将新思想、新技术、新机制等新元素纳入图书馆集群系统中来，以显著提高集群的功能和效能，包括理念创新、技术创新、管理创新、机制创新、服务创新、推广应用创新等。将创新管理独立出来，一是和以往旧的管理因素相区别，增强图书馆自主研发和采用新技术、新方法的积极性；二是集群整体发展的需要，新技术的溢出效应和创新联合行动是集体效率的重要来源；三是图书馆集群成长空间巨大，没有创新管理难以高效成长。

（2）图书馆集群管理的意义

管理的要义就是：对内效益最好，对外功能最优。图书馆集群管理的目标也是追求集群内资源集聚的综合效益最好，对外集群整体服务功能最优。在大力加强公共文化服务体系建设的今天，以图书馆间联系紧密程度为己任的集群管理具有很强的现实意义。图书馆集群管理是图书馆公共服务体系建设的理性支撑,是网络环境下图书馆服务体系的具体承载形态。

图书馆集群管理也是一种发展管理,是随着图书馆集群的产生而发展起来的。图书馆集群的形成是多种因素共同作用的结果,包括政策因素、有效的技术、完善的基础设施、适宜的区域社会关系网络、良好的制度安排等因素,都在图书馆集群的形成与发展过程中发挥着不同的作用。图书馆集群的形成不是一蹴而就的,而是一个复杂的系统演化过程。在不同的发展阶段,各种因素的作用及作用强度会存在一定的差异性。管理是科学,也是艺术;是理性的均衡行为。

实施集群管理后,图书馆集群内的竞争相对而言大大弱化,转向协同和同向输出。竞争更多地体现在与其他行业的比较竞争,以及内部员工的工作效率竞争。

(3)图书馆集群管理研究

图书馆集群管理研究是对图书馆群体相互间联系紧密程度及其效能的研究,包括从理论框架到模式构建,以及技术平台、运行机制和管理策略等一系列的综合问题。对这些问题进行深入细致的研究,是进行图书馆集群管理的需要。我国图书馆的集群化进程正处于探索和实践阶段[7]。与图书馆建设热潮相应,网络环境下的图书馆合作形态大量涌现,图书馆开始步入区域整体协同发展时期;但目前大多是借鉴国外总分馆模式和网络合作形式。由于行政管理体制的差别,图书馆的人员、文献及财产设备的所有权和使用权难以在更大的范围内实现调配与统筹,实质上无法有效地吸收和运用国外图书馆集群管理模式的精髓,难以达到应有的效果,因而,进行图书馆集群管理研究对我国图书馆事业的发展具有更为重要的现实意义,也更为迫切。

研究的主要内容大体包含理论研究与实证研究两大部分。网络环境下,图书馆集群的组建是一项复杂而艰巨的工程,需要有完善、实用的理论体系作指导。因而,研究图书馆集群管理,建立实用、完整的图书馆集群理论框架和基础结构,解释和阐明图书馆集群管理的概念、组织结构、模式、对策以及实施运行中的一系列问题,对指导和帮助我国图书馆界在网络环境下实现图书馆服务体系建设具有切实的指导作用;同时,图书馆集群管理可以借助各个成员馆的力量,在节省工作成本的情况下,盘活各馆存量资源,使之发挥最大功能,促使图书馆间资源、设备、技术、人力等方面的整合,避免重复建设,实现各种资源的共建共享,提高图书馆的行业竞争力,加速区域图书馆的协同发展。这种实践过程的归纳、分析、提炼,就是非常好的案例实证研究。

图书馆集群及其管理对应着新时期图书馆合作与协同发展的趋势,深化着图书馆服务体系的构建与完善,具有图书馆事业重建和理论重构的双重价值,非常值得图书馆行业认真思考与研究。

参考文献

[1] 熊文新. 异彩纷呈的集群管理软件[N]. 中国计算机报,2002-04-22(2).

[2] 陈继祥. 产业集群与复杂性[M]. 上海:上海财经大学出版社,2005.

[3] 刘 伟. 面对跨业竞争的图书馆行业发展对策研究[J]. 图书馆杂

志,2006(3):14-16.

[4] 刘莹.网络环境下图书馆用户的信息需求[J].理论月刊,2002(9):93-94.

[5] 冯玲.城市图书馆集群管理的路径选择与实现方式——以东莞图书馆总分馆为例[J].图书馆建设,2007(3):3-7.

[6] 王璞.组织结构设计咨询实务[M].北京:中信出版社,2003.

[7] 李东来等.城市图书馆集群化管理研究与实践[M].北京:北京图书馆出版社,2005.

"区域图书馆整体协同发展模式及路径研究"成果简介[*]

东莞图书馆李东来研究馆员主持完成的国家社会科学基金项目"区域图书馆整体协同发展模式及路径研究"(批准号为08BTQ013),最终成果为同名专著及研究报告《区域图书馆整体协同发展网络技术支撑研究》,结项鉴定等级为"优秀"。

1. 主要内容

区域图书馆整体协同发展是我国图书馆事业发展的重要现实课题。该成果针对近十年新兴的图书馆服务体系建设和图书馆群体协同热潮现象,从区域图书馆整体协同发展视角,采取文献研究、实地调研、个案比较分析、综合归纳评价等方法,分析影响区域图书馆整体协同发展的因素,研究现阶段区域图书馆整体协同发展模式,探讨区域图书馆整体协同发展的路径选择问题。

该成果提出了区域图书馆协同发展的论题,梳理了图书馆从印本时代的馆际合作到网络环境下的区域图书馆合作,分析两个

---

[*] 原载于《国家社科基金项目成果选介汇编》,北京:社会科学文献出版社,2012年。

时代图书馆在办馆理念、价值指向和技术工具等的特殊性，描述了我国图书馆事业从协作、协调到协同的发展演进，从而论证了区域图书馆整体协同发展的历史必然性和现实合理性。

成果尝试运用协同学和系统论相关理论对这种新的发展方式作出机制上的阐释。着眼区域图书馆整体协同关系的建立，重视图书馆主体的主动行为，以模型框架说明了区域图书馆整体协同发展的动因、过程、结果和效应，分析了协同目标树立、协同要素作用到区域图书馆整体协同系统形成的过程，旨在解决体制障碍突破尚有待时日的情况下实现普遍均等服务的现实问题。

2. 基本观点

（1）我国图书馆事业经历了从协作、协调到协同的发展历程

回顾20世纪以来我国图书馆事业的发展，我国图书馆人一直致力于馆际之间的合作和协作发展，在长期发展中积累了丰富的经验。20世纪50年代的"全国图书协调方案"是一次全国性图书馆协作协调活动，推动了我国图书馆界通过编制联合目录、馆际互借、图书协调采购等协作协调活动为科学研究服务。到20世纪80年代末，我国图书馆开展了史上规模最大的文献资源共建共享活动——全国文献资源布局活动，提出全国文献资源三级布局方案，即国家一级布局，系统布局和省、市一级的布局；但由于当时经济和技术等方面的障碍而实施困难，于是人们尝试从系统和地区范围获得突破，如高校图书馆的CALIS系统、中国科学院系统的文献情报共建共享体系，等等。迈入21世纪以来，受国外及

我国港澳地区城市图书馆先进管理模式的启发，我国各地——尤其在东部经济、文化比较发达的地区——图书馆积极探索和实践区域图书馆协同发展道路，各种合作形态不断涌现，采取各种不同的方式，进行图书馆之间各种资源不同程度的共享和整合。这些新模式的出现推动了新世纪图书馆事业的崛起，表明我国图书馆事业的发展经过从协作协调到协同的发展演进，正在进入整体协同发展新时期，也标志着我国区域图书馆从业务协作到联合服务迈上了一个新台阶。

（2）区域图书馆整体协同发展是新信息环境下的发展观念和发展形态

区域图书馆整体协同发展是由以单个图书馆为中心视点向区域图书馆整体发展思维变化，强调体系化建设和集群化管理。具体来说，区域图书馆整体协同发展是指一定区域内的众多具有分工合作关系的不同规模等级的图书馆（包括公共图书馆、学校图书馆、科研图书馆等）通过网络联系在一起，形成联系紧密、组织有序、功能清晰、管理规范的图书馆资源共享与服务的有机体系，其结构具有多层次性和多形态（主从结构、平等对称结构、混合结构）。区域内各图书馆通过相互合作和协作形成联系更加紧密的图书馆有机整体，是充分发挥各图书馆功能效应，整体功能大于各孤立的图书馆功能之和的一种发展状态。

（3）区域图书馆整体协同发展具有"自组织"特征

考察我国图书馆协同发展的历程及现阶段各区域图书馆的做法，大多数协同关系的建立来自图书馆主体的主动行为，图书馆自身积极、自主、创造性的工作给我国图书馆事业带来了前所未有的进步和发展。在现行体制框架下，区域图书馆整体协同发展主要是从建立区域图书馆自身内部的协同工作机制入手，而自主、内在的行为选择，将产生有效的内在驱动力，为创造高质量的协同行为和促使区域图书馆系统的形成、运用具有重要的作用，并将产生良好的协同效应。因而我们强调要特别注重区域图书馆内部的协同作用，重视图书馆主体的主动行为，在此基础上争取外部环境的支持。

（4）网络信息技术是区域图书馆整体协同发展的重要支撑和不可或缺的条件

信息时代，网络技术的支撑对于图书馆事业的整体发展来说是不可或缺的。网络（通信技术）和区域图书馆整体性，以及技术（计算机技术）与区域图书馆协同性紧密联系。网络信息技术不仅是一种工具，实践证明，通过软件系统传播、辐射新理念的形式是网络时代的一种突出特征和有效方法，更是以信息处理为基础的图书馆事业发展的优选路径。借助网络技术建立区域图书馆协同发展的良好局面，是当今信息化社会宏观环境下图书馆事业发展的趋势和要求。从某种程度上讲，网络信息技术的应用程度决定了实现区域图书馆协同发展的难易程度。为适应社会发展，满足读者需求，必须充分理解区域图书馆协同发展的阶段性进程，高度重视网络技术在协同进程中发挥的重要支撑作用。而以图书馆集群管理系统为表现形式的网络信息技术，不仅能够成为推动区域图书馆协同发展的重要工具，从长远来说，还提供了冲破现有行政体制制约的重要发展路径。

(5) 区域图书馆整体协同发展是一个建设过程并具有多种路径

根据协同理论，一个协同系统的建立需要协同要素的带动，人、财、物的协同难以选择作为主导因素，从图书馆间业务环节选择协同要素更为切实可行。在将区域内的所有图书馆看成一个整体系统的前提下，构成这个系统的要素可被划分为"环境""需求""理念"等这些区域外部因素和动力因素，以及"资源""技术""管理"等可作为协同发展路径依据的主导因素。结合图书馆业务开展的要素，区域图书馆整体协同的过程表现为：首先为起步。在此阶段往往选择"资源""技术""管理"要素切入作为主导因素开展协同活动。基本路径：一是"资源主导型"；二是"技术主导型"；三是"管理主导型"。其次为综合统筹。结合区域的现实条件选择以某一要素主导起步后，必须对资源、管理、技术等各种要素综合运用，补齐短板，并争取各种外部要素支持，形成新的整体状态和趋势。最后为完善提升。从结构、组织机制和体制角度，不断提高一个地区图书馆之间的协同效能，推动协同发展进入有序和稳定状态，使图书馆发挥的整体功能不断提升。

(6) 区域图书馆整体协同的持续发展需要不断增加区域图书馆间的"同一要素"

区域图书馆整体协同发展突出强调要素间协同、配合的思想。一个区域图书馆的各组成部分的紧密程度，重要的不在于地理环境或行政隶属关系是否相同，而在于整合程度的高低，在于协同要素的"同一性"。在区域图书馆协同发展模式中，协同的同一要素越多,其协同发展的业务集成度就越高,协同的紧密程度也就越强。因而,要获得更高的协同,应不断增加区域图书馆间的同一要素,增强协同的一致性。

(7)我国现阶段区域图书馆整体协同发展道路的现实选择:技术+管理的综合统筹发展模式

以网络技术为先导和依托,将整体协同理念、群体规范管理内含在业务管理系统之中,是技术+管理的综合统筹发展模式和路径的主要特点,有具体可操控落实的实现形态。Interlib图书馆集群管理系统在短短5年时间内,被全国的不同区域(东、中、西部)、不同规模(省、市、县区、镇)、不同系统(公共、院校、企业等)的2 000多家图书馆选用,并取得突出的整体服务成效和明显的规模效益成本节约,已经充分证明了其现实优选价值;对于运行经费普遍缺乏的欠发达地区,特别对于中西部地区来说,更具有实用价值。尚未进行整体协同建设的后发地区可以充分发挥后发优势,以借鉴选择引进为主,可以大大缩短建设周期,尽早尽快地展现出整体协同的优势。从我国现实出发,由自组织的自为特性、网络技术的不可或缺、已有建设成效可以看出,技术+管理的综合统筹发展具有普遍的示范意义和辐射效应,是我国区域图书馆整体协同发展的一种现实选择。

区域图书馆整体协同发展的实现路径研究*

随着经济的发展和社会的进步,区域城镇化、城乡一体化不断加速,带来了对区域整体发展、城乡协调发展、生态共存共生、资源共享共建等多个方面的需求。图书馆作为区域文化活动基地与信息集聚中心,顺应经济社会发展的要求,实现与区域良性互动,谋求共同发展已成为必然。

协同学理论认为,一个系统中,各个子系统和各种要素若不能很好地协同或始终处于离散无序状态,就无法形成合力,获得整体功能和整体效益[1]。在新的环境条件下,改变以往图书馆单一孤立发展和简单松散联系的状况,促进区域图书馆整体协同发展,提升图书馆为区域整体服务的能力,正是我国图书馆事业发展需要解决的问题。

实际上,近几年我国东部地区已经出现一些区域图书馆整体协同发展的典型案例,如上海中心图书馆体系,深圳图书馆之城建设,苏州"市—社区"总分馆网络,佛山联合图书馆,东莞集群发展模式,等等,可谓形式多样。这些合作模式或以资源整合

---

* 原载于《图书与情报》,2009年第6期,李东来等著,为国家社科基金项目《区域图书馆整体协同发展模式及路径研究》研究成果之一。

为基础，或以技术保障为先导，或从体制改革入手，或以方便服务为依托，充分显示了我国图书馆人的创造精神和务实风格，为图书馆在新的发展时期实现惠及全民的普遍均等服务作出了不懈探索。由于我国幅员辽阔，以各种标准划分（目前是以行政区划分为主）的区域层次多，不仅存在全国各大区域的经济发展不平衡，不同层级区域内的发展也不均衡，各级、各类型图书馆有不同的管理主体，因此，研究这些模式，从中总结出带规律性的东西是十分必要的。本文旨在从区域图书馆整体协同发展的实现路径上作一些探讨。

1. 区域图书馆整体协同发展的内涵特征

协同发展的思想伴随着现代意义图书馆的起源和发展，因时代和社会经济的不同呈现出不同的形式。有关图书馆协作和资源共享的记载约发生在 19 世纪 70 年代[2]，而 20 世纪以来"总分馆制""图书馆联盟""图书馆网""图书馆集团"等的出现和在实践中的大量运行，表明在一个日益开放的社会化的大环境下，进行区域合作和资源共享已成为图书馆发展的必然趋势。对此，有人总结近十余年来大学图书馆的最重要成就是"从单位自给自足模式发展到协作生存模式"[2]。大学图书馆合作的诸多模式为我们提供了一种通过协作提高系统较高的文献保障的样板，而区域图书馆合作则超越了系统和支持科学研究的范畴，具有新的时代意义。这种意义在于其支持科研之外，更具有知识和信息普及，消除"信息鸿沟"的作用。

图书馆作为整个社会大系统中的一个子系统，一方面有着自身的发展规律，另一方面也动态地和外界进行各种交换，受到外界的影响。区域图书馆整体协同发展包括区域图书馆系统内部的和谐及与系统外部的共生两个方面[3]。也就是说，区域图书馆系统内部形成一个有机整体，在一个共同目标下，通过一定的组织方式把区域内不同规模、不同类型的图书馆紧密联系在一起，分工协作，相互促进；同时着眼于提高整个区域图书馆的服务效能，与系统外部融洽区域发展关系，建立起持续稳定的运作机制，从而获得规模可扩展能力，达到整合资源、优势互补、共同发展的最终目的，创造最佳总体效益。

区域图书馆整体协同发展的基本特征为：① 一定区域内若干个相对独立的图书馆；② 馆与馆之间以总/分馆、联盟、协作网等方式建立合作关系；③ 通过行政管理、契约协议、现代技术等手段进行整合；④ 各图书馆以满足本馆读者需要为基础，以图书馆整体服务区域，方便读者利用所有图书馆的服务为目标；⑤ 各图书馆在分工协作中获得共同发展。

和以往的协作相比，在新的环境下，整体协同发展带来的变化主要表现为：① 由以单个图书馆为中心视点向区域图书馆整体发展思维变化；② 由以往单纯的、松散的协作式组织网络向现代网络技术支撑的紧密型一体化网络演进，依托计算机网络联结成紧密的协作体系；③ 由以往主要集中于文献资源的协作共享向多资源如设备、人力、活动共享等演进；④ 以行业整体形态与社会发生联系，读者感知的角度来看，让读者享受的服务是全区域范围的一种以区域图书馆为整体而存在的服务。这是我们期待的理想状态——读者往往是从整体上去感知区域图书馆，而几乎感觉不到区域中单个图书馆服务的差别。

显然，这种发展与以往的图书馆合作有较大的差别。从功能目的视角观察，以往的图书馆合作（印本书时代）注重图书馆文献支持科学研究的功能，如20世纪50年代全国图书协调方案时期开展的协作协调活动，80年代全国文献布局研究中以提高我国整体文献资源保障率为目标的协作协调活动，都是出于这样的目的。当进入21世纪后，情况发生了很大的变化。信息和网络技术给图书馆管理带来的变化，文献复制和远距离传输解决了资源共享的重要问题，大大降低了图书馆合作的成本，使图书馆合作有可能从原有的范围扩展，从科学研究范围扩展到教育文化的普及层面。这恰好与21世纪初图书馆界推进的普遍均等惠及全民的新理念相吻合，使区域图书馆整体协同发展在理念和技术的支撑下获得蓬勃发展。

2. 区域图书馆整体协同发展的路径分析

从区域图书馆整体协同发展的内涵特征可以看出，推动区域图书馆整体协同发展的基本条件有两个：一个是要建立图书馆服务的实体网点和虚拟网络；另一个要促使网点和网络之间相互紧密联系，形成整体体系。也就是说，不仅要有各个"图书馆体"，还要有"系"，即要密切各个"图书馆体"之间的相互联系，将产权归属各一、服务与管理水平参差不齐的各级各类图书馆整合起来。

在协同学理论的视野里，"图书馆体"之间关系的形成是在一定的环境和条件下由相关因素综合作用而成的，并且这些因素具有不同的地位和作用，其中有一些起支配和主要作用，即主导因素[1]。这种主导因素意味着区域图书馆协同发展不同阶段其处于核心地位，或者主要关联地位。从目前国内已有的实践来看，各地图书馆采取中心图书馆、总分馆、联合图书馆等各种不同的方式，探索建立区域图书馆之间的紧密联系，在突破书目信息共享、建立联合目录、馆际互借等协作层次基础上，逐步实现通借通还、统一业务管理平台、服务网络统筹规划等整体化发展[4]。这是各地在缺乏统一管理的制度保障下，根据不同的环境条件，从行业发展的内部因素中选择不同的协作要素切入而形成的不同模式，这也是目前各种模式存在差异的重要原因。路径就是研究对象运动的方向和轨迹，沿着起步—发展—目标实现的过程，结合图书馆协作的要素进行分析，将有助于探讨推动区域图书馆整体协同发展的规律。按照各种模式起步阶段的主导因素来看，主要有以下几种情况。

（1）资源主导

文献信息资源是图书馆生存和发展的基本要素，对文献信息资源进行收集、整理、组织、保存和提供利用是图书馆的基本职能[5]。正因为文献信息在图书馆业务建设中所占有的基础地位，文献信息共建共享往往成为区域图书馆之间协同关系展开的出发点，协同的目的也在于实现文献信息资源在区域内的最大程度共享。

图书馆开展文献信息资源共建共享活动由来已久。早期一般是两个或多个图书馆之间为节省成本或改进服务的目的而开展的，以合作藏书、联合目录和馆际互借为主要内容的合作活动。随后计算机网络的诞生和图书馆自动化水平的大幅提高为资源共享提供了强有力的支撑。从20世纪90年代中期起，国内不少发达省市也相继建立起了地方性的共建共享体系，其主要作用仍在书目信息和数字资源的共建共享，实行馆际互借，体系内多数图书馆接受核心馆服务，更多的是资源存量较弱的馆对资源存量较强的馆的资源分享，合作的紧密性、整体性、协同性都有待提高。

一些具备文献共建共享基础的区域开始探索协同度更高的方式，在资源主导框架下，使资源共享的范围从文献扩大到业务、人力等其他方面。如上海，1994年成立上海市文献资源共建共享协作网，1999年5月成立由副市长任组长的上海市文献资源共建共享领导小组并推出了1999—2001年3年行动计划。2000年9月在逐步建立以网络为基础的地区文献资源共建共享平台的基础上，为实现新的资源共享目标，根据上海市政府的指导和要求，将原行动计划升级为上海中心图书馆计划，即建立以上海市图书馆为总馆，其他区县图书馆、高校图书馆和专业图书馆为分馆的新型地区文献资源共建共享联合体。2008年全市通借通还一卡通的总分馆数已达105个[6]，同时还通过资源调拨、文献展示、联合咨询、人员互换、设立"开放实验室"等手段加强协作，各类型图书馆的服务能力和质量得到明显提升[7]。北京的图书馆、文献情报机构资源优势明显，通过建立北京市公共图书馆信息服务网络、推动图书馆立法工作、实施分馆制等，构建具有首都特色的图书馆资源共享体系。

通过资源共享获得生存发展的希望，也使图书馆走上更高层次的协同之路。如对杭州公共图书馆服务体系建设产生重大影响的"一证通工程"，其起因就是由于许多基层图书馆购书经费很少,更买不起数据库,图书馆必须联合起来,形成整体实力较强的图书馆联盟[8]。围绕实行读者一证通和通借通还的目标,杭州市图书馆解决了很多制约发展的困难,整合区域内所有公共图书馆并合理适时地把读者服务延伸到广大村级图书馆,形成一个自上而下完善的4级图书信息网络管理体系[9]。

(2)技术主导

从图书馆发展的历史中可以看出,信息技术一直在起着非常重要的作用,是图书馆工作中最重要的生产力因素。对于现代图书馆体系的构建,网络信息技术有着更加重要的先导性和基础性作用。随着互联网和各种无线网络技术的飞速发展,操作的可行性和低成本使得技术广泛应用于馆际合作,为图书馆之间的协作提供了新的推动和支撑力量,技术先行成为新形式下区域图书馆协同发展的又一重要路径。因为整合区域内各图书馆资源,实现文献资源通借通还,提出了完全不同于单个图书馆对计算机管理系统的要求,需要有适用的业务系统作支撑,因而建立能支持图书馆集群管理的计算机业务系统成为推动区域图书馆整体协同发展的关键。如东莞图书馆2002年开始针对中心馆、分馆、图书流动车的集群管理要求,联合专业软件公司专门研发了Interlib图书馆集群网络管理平台,此项目于2005年5月通过了文化部组织的科技成果项目鉴定。Interlib系统突破以往单馆应用模式,实现了对区域内各图书馆业务的整合,其"数据集中管理、零维护、易推广"的特点,解决了基层图书馆经费短缺、技术力量薄弱、系统维护困难的问题,技术平台的统一,也为总分馆各项业务的规范和通借通还服务的开展奠定了坚实的基础[10]。为顺利推动佛山市联合图书馆建设，佛山市图书馆也与专业 IT 公司合作开发适用于联合图书馆构想和运作的自动化管理技术平台——UnionLib 业务管理系统，并于 2005 年 10 月完成开发[11]。从它们的实践中可以看出，在推动区域图书馆整体协同发展的初始阶段，正是技术保证了适合功能需求的开发手段、开发模式和先进的网络架构的实现，实现业务和资源的整合，以技术为依托建立起整体化管理，使业务协作、通借通还和资源共享能顺利实施。Interlib 平台目前已被全国 700 余家图书馆采用。

（3）管理主导

20 世纪 30 年代，我国图书馆学家杜定友先生发表《图书馆管理方法新观点》一文，将图书馆的基本要素定义为书、人、法三要素：书指包括图书在内的一切文化记载；人指阅览者；法包括图书馆的设备、管理方法、管理人才。随着实践的发展和研究的深入，对管理的认识不断深化。图书馆作为社会的子系统，在社会分工中具有特定的功能和作用。图书馆管理就是计划、组织、指挥、协调和控制等行动，最合理地使用图书馆系统的人力、财力、物质资源，使之发挥最大作用，以达到图书馆预期的目标，完成图书馆任务的过程[12]。

借鉴发达国家和地区图书馆统一管理的经验，国内一些图书馆的实践带动，部分城市一开始就从管理入手，提出本区域图书馆整体协同发展的规划、实施方案，根据实际情况选择协作方式、运行管理办法等，把原有的资源进行合理配置，使之转化成图书馆为社会服务的能力。在管理方式上可分为政府主导式和协调管理式两种。政府主导式一般由政府文化主管部门牵头，以公共图书馆为主体建立的管理和合作网络。如深圳市以建设"图书馆之城"作为一个城市的图书馆发展战略,制定了《深圳市建设"图书馆之城"(2003—2005)三年实施方案》,明确了建设"图书馆之城"的目标任务、建设模式和实施步骤,建立经费投入、组织领导、绩效考评等保障机制,形成了管理到位、上下协调等优势,大大提升了深圳市图书馆事业的水平[13]。另一种管理方式是协调管理式,其特征是区域内隶属不同管理机构的图书馆,按照事先协定的方式实现区域图书馆的人事、资源、经费等方面的统一。如苏州市、嘉兴市、哈尔滨市图书馆深入社区与当地政府签订合作建设分馆协议,由社区提供场地,市图书馆委派管理人员,提供图书、设备等,实行统一管理和通借通还。

(4)综合统筹

一定区域中的图书馆,所面临的一个重要任务就是要转变传统的作为单个图书馆发展战略及模式,实施或参与以协同发展为最终发展目标的发展战略及其模式,即成为区域中的一个节点,与其他图书馆在经费、人才、资源、技术等要素上步调一致,产生协同效应以促进图书馆事业的整体发展。在上述情况中,结合区域的现实条件以某一要素主导起步后,就必须综合统筹,对资源、管理、技术等各种要素综合运用,并争取各种外部要素支持,促使区域图书馆达到协同发展。比如地域范围较大、原有基础较好的区域,开展资源协作必须考虑扫除技术障碍和理清管理层次的问题,包括推进通借通还一卡通对原有系统的整合,统一步调采用一些先进技术,加强各类型各层次图书馆的分工与协调,提高整体管理的效益等。地域范围相对小和中心馆优势突出的区域，在迅速推广建立同一技术平台后也必须管理跟进，加强业务规范，强化保障机制，提高资源共享水平。而从管理入手的区域，在设计和建立本区域的发展规划和管理模式时，同样要有适应需要的技术支撑，最大限度地实现资源共享。另外，随着图书馆体系化建设的实践进程，已有的模式都提供了有益的经验和参考，对此开展的研究也提供了理性的指导，这让其他区域推动图书馆整体协同发展缩短了摸索的过程，从一开始就可以确定适合本地实际的方式，进入综合统筹的状态。

通过路径分析，可以看到这一领域的发展轨迹。从珠江三角洲城市圈中的深圳、东莞、佛山，到长江三角洲城市圈中的上海、杭州、苏州、嘉兴，再到渤海湾城市圈中的北京、天津、大连、青岛，在推进区域图书馆整体协同发展的实践中，虽然各有起点，但都较好地运用了影响图书馆发展的内部要素，争取良好的外部条件，成功地推进了图书馆事业整体水平的提升，从而得以更好地服务社会、服务市民。总之，整个发展过程经历了从不同的主导因素进入综合统筹运用各种要素到逐步实现整体协同发展，从起步时的发散到结果时的聚敛，可以说是殊途同归。

3. 区域图书馆整体协同发展的路径选择

任何事业的发展都定格于一个战略性的选择。按照路径依赖理论，人类社会中的技术演进或制度变迁均有类似于物理学中的惯性，即一旦进入某一路径（无论是"好"还是"坏"）就可能对这种路径产生依赖[14]。它告诉我们，要想不发生路径依赖的负面效应，在初始时就要找准一个正确的方向。

如果说，推行图书馆一体化总分馆制是实现区域图书馆整体协同发展理想模式的话，对中国内地而言，其最大难题还是分级财政体制的制约并由此所产生的一系列障碍。图书馆作为公益性文化事业的重要组成部分，其管理方式必然与社会政治体制和经济形态相一致，特别要与财税制度相对应。实际上，国内外区域图书馆协同发展的案例表明，统一管理也不是一蹴而就的。如多伦多市的图书馆总分馆系统，随着多伦多城市的规划和变迁，从多个管理委员会逐渐合并为一个管理委员会；新加坡于1995年成立的国家图书馆管理局（The National Library Board, NLB），是国家图书馆2000评估委员会（Library 2000 Review Committee）提交了《2000年的图书馆》的研究报告（Library 2000 Report, L2000报告）；香港公共图书馆总分馆的真正统一管理是在2000年政府解散市政局与区域市政局，两个市政局及民政事务局原来的古物古迹、康乐和文化职能由新成立的康乐及文化事务署接替，原本属于不同市政局辖下的图书馆系统因此合而为一。以我国现行的分级财税政策而论，如果简单照搬总/分馆制，可能导致区县财政退出对公共图书馆的投入，给图书馆事业的发展带来新的问题[15]。

因此，我们必须遵循图书馆事业发展的内在规律，结合中国和所在区域的具体环境与特点，走出适合我国国情的图书馆整体协同发展道路。

（1）路径选择原则

① 适应环境

适者生存理论不但适用于生物学界，它同样亦适用于人类社会。人和社会组织的活动只有适应环境才能找到生存和发展的空间，否则就会事倍功半。推动区域图书馆整体协同发展，本身就是对新时期图书馆生存环境的一种适应和调整。在进行路径选择的时候，不同区域图书馆的情况会有所不同，但符合图书馆事业发展的规律，适应当地的实际情况才是合适的可以走得下去的道路。

② 满足需要

服务是图书馆的宗旨，提供更好的服务，更好地满足社会和人们需求是图书馆不断发展的原动力。从古代藏书楼到现代图书馆，图书从重藏到重用，从追求文献的收藏价值到追求文献的使用价值，这种转变始终是围绕着如何满足社会需求而进行的。在区域内经济文化等日趋融合和一体化的今天，图书馆整体协同发展是为了整合图书馆的行业力量，提高图书馆的服务质量，增强图书馆的整体竞争力，成为社会发展的必需品而获得自己生存和发展的地位。选择图书馆整体协同发展的路径，要始终坚持更好地满足区域需求为考虑原则，这其中包括区域经济发展的需求、城市文化生活的需求、人们阅读便利的需求等方面。

③ 讲求效益

趋利避害讲求效益是社会系统和组织发展的基本原则，图书馆作为社会子系统和组织，也应将实效性作为发展的重要原则。选择区域图书馆整体协同发展的路径，应考虑尽可能带来各个图书馆的发展效益，提升单体图书馆的服务效益。发展效益主要体现在对资源的优化配置所带来的办馆效益，以及整合发展在行业发展上产生的竞争优势；服务效益主要体现在服务规模和范围扩大后形成的整体服务优势和协同服务便利。可以说，讲求效益这一实效性原则乃是图书馆自身价值和行业价值的证明和必需。

④ 有利发展

发展是第一要务，全面协调可持续发展是科学发展观的基本要求。图书馆必须坚持以科学发展为统领，以服务为根本，以创新为动力，促进事业的繁荣发展。面对图书馆发展的有利和不利因素，选择区域图书馆整体协同发展的路径，应以解决问题、促进发展为原则，尽可能避免和削弱不利因素的影响，发挥有利因素的作用。例如，个体图书馆之间的利益在整体发展中难免会有磕碰和摩擦，如何协调各个图书馆实现区域整体协同发展，需要各图书馆认真分析图书馆经费、文献、人员、用户等问题，从长远和全局着眼，突破层层障碍，努力解决种种困难，尤其要突破区域差距和城乡差距的信息鸿沟，缩小中心馆和基层馆之间的发展差距，使用户在区域内任何时间、任何地点都能享受到无差别的服务。

（2）现实选择：注重影响图书馆整体协同发展的因素

① 树立区域整体服务的理念

图书馆不是图书资料、建筑物和图书馆工作人员的简单叠加；图书馆是图书馆理念的体现。区域图书馆的整体协同发展的显著特点在于利用图书馆的整体优势，为区域提供整体化服务；因此，推动区域图书馆的整体协同发展，要用为区域整体服务的理念指导实践，促使区域内图书馆整体化发展、协同化服务和特色化运营。正如前文所述，这种区域图书馆合作超越了系统和支持科学研究的范畴，更具有知识、信息普及，消除"信息鸿沟"的作用；同时，这种合作也体现了现代图书馆从注重馆际业务协作到注重联合服务的转变。从另一个角度看,只有围绕社会和读者需求产生的合作,才会为图书馆的生长发展提供新的力量和新的空间。以新的理念而组成的区域图书馆整体,在资源上优化配置,共同建设和分享,在服务上让任何读者在任何地方都可享受到同一标准和水平的服务,是相互依存和共同发展的,区域内各图书馆都应当树立这样的理念。

② 组建区域图书馆网络

区域图书馆的整体协同发展需要依托一个完善的、健全的图书馆网络来实现,并且要建立在紧密合作的基础上,而不是习惯上的松散协作。从系统论和协同论的角度分析,图书馆事业作为一个系统,只有当其各个要素相互合作、协调、同步、互补时才能发挥出最大的资源优势。这个网络是区域性的。根据本地的实际情况,可以通过整体规划建设实现,也可以通过对现有图书馆的联系和组织实现。在组织形式上,主要以公共图书馆为主,联合其他系统图书馆,建设总馆、分馆、借阅点和流动图书馆,不能是"一级政府办一个图书馆""一个县市有一所图书馆",必须形成体系。对区域规模较大、图书情报机构较多的区域,也可以仿上海例,实行图书馆和情报工作一体化的中心图书馆制。但不管是哪种方式,都必须有特定的管理机构进行统一协调管理。从已有的实践看,在区域图书馆群中一般都有一个实力较强的图书馆作为中心图书馆。实力是由所处地位、发展水平、资源特色以及政策优势而决定的。中心图书馆在图书馆群中具有一定的地位和代表性,在服务网络建设中要起到核心和领导作用,为区域中其他图书馆提供技术指导、资源保障、服务支持和管理协调[16]。由于管理体制带来的限制,中心图书馆在组织和带动其他图书馆发展的同时，也要考虑到所有成员馆的利益，发挥每个成员馆的长处和维护每个成员馆的自主权，倡导各成员馆立足于图书馆网络建设大局，遵守协议，紧密合作，共同推进区域图书馆整体协同发展。

③ 有效运用技术手段

现代社会的发展越来越需要科技因素的支持，技术是推动图书馆发展的重要力量。在电子计算机出现以前，区域图书馆网所起的作用主要是图书馆工作协调和图书馆网点布局，图书馆之间的联系是松散的，由此形成的网络是无形的，因而发挥的作用很有限；而现代通信技术和计算机技术应用进入图书馆以后，由此建立的图书馆网络才成了联系紧密的有形的网络实体，其作用与功能延伸到了图书馆工作的各个方面[17]。可以说，区域图书馆整体协同发展的生存基础是我们现在所处的网络环境。目前，我国各地的电信城域网均已建成，速率的不断提升也成为发展趋势，这就为区域内各图书馆大量图文信息、音视频信息、超文本信息的相互交流和共享利用创造了良好的基础[18]。技术也为区域图书馆实现统一采购、分编、调配以及通借通还等整体化服务提供了有力的支撑。因此，推动区域图书馆整体协同发展，必须具备网络基础设施条件，选择利用业务管理系统，实现自身工作的自动化；同时，要善于依托先进的技术手段，加强完善设施布局，延伸图书馆服务网络，开展各种创新服务及联合服务，进行业务整合与协作，不断提高资源共建共享能力。

④ 加强管理规范和标准化建设

由现代网络技术支撑建立起来的区域图书馆组织，其紧密的联系、组织的有序化和高效率的运营离不开有效的管理手段。在推进区域图书馆整体协同发展的进程中,需要有一系列与现实发展相适应的管理规范和标准,对图书馆建设、技术平台、服务活动的开展等都做出详细具体的规定,从而推动区域图书馆逐渐向规范化、制度化、标准化发展。更为重要的是,在现有管理体制下,只有加强管理规范和标准化建设,才有利于建立起越来越紧密的业务联系,不断增加区域图书馆间的同一要素,增强协同一致性,才有可能突破体制的制约,以量变逐步达到质变[6]。在规范管理方面,中心图书馆要在区域图书馆中起到规范的制订、推行、评估等作用,通过推行各种管理规范,使得区域图书馆的各项流程和服务等体现整体性,实现1加1大于2的整合效益。具体包括: 一是宣传规范,如统一的图书馆标识,增强图书馆间的整体关联性,在社会上起到良好的识别和宣传作用;二是业务规范,规定其业务内容、职责范围、工作方法,必须达到的工作质量、考核及奖惩办法等;三是流程规范,按照协同工作流程制订各项具体业务规程,以促进整个管理有序化,如技术平台接入、读者证管理、图书采访与加工、数字资源使用与管理、通借通还、财经管理、业务培训、图书调配等的规范;四是服务规范,保证读者享受到一致的服务,如对开放时间、服务内容、服务用语、读者投诉处理、读者活动联动等方面的规范。在标准化建设方面,应以已有的标准和规范为基础,逐步建立区域图书馆工作管理标准体系,为区域图书馆工作提供依据和指导。

⑤ 政策和法律保障

政策和法律是图书馆系统所处的外部环境。区域图书馆的整体协同发展,除了充分调动资源、管理、技术等自身内部因素之外,还应当积极调动环境的因素来促进发展,争取到政策和法律保障。政府提供的政策环境、经费投入、激励机制是促进区域图书馆的整体协同发展的可靠保障。把一些仅靠行业指导难以产生效力的因素通过政府文件、法规甚至法律的形式予以规定，产生一定的强制效力，不仅能解决图书馆事业发展中普遍存在的经费和人员等棘手的现实问题，而且有利于区域内图书馆的健康有效和可持续发展，在区域图书馆整体协同发展的道路上少走弯路，从一定程度上有效解决盲目建设、效率低下和重复浪费等问题。当前，特别是要推动立法，或者由政府颁布法律法规性质的管理规定，以规范、促进、保障图书馆事业可持续发展。

参考文献

[1]（德）赫尔曼·哈肯. 协同学[M]. 徐锡申, 译. 北京: 原子能出版社, 1984.

[2] 欧阳少春. 图书馆集团及资源共享的三种基本模式[M] //胡越. 图书馆区域合作与资源共享. 北京: 北京图书馆出版社, 2004: 14-20.

[3] 王传民. 县域经济产业协同发展模式研究[M]. 北京: 中国经济出版社, 2006.

[4] 李东来等. 城市图书馆集群化管理研究与实践[M]. 北京: 北京图书馆出版社, 2005.

[5] 肖希明. 信息资源建设[M]. 武汉: 武汉大学出版社, 2008.

[6] 王世伟. 城市中心图书馆发展若干问题研究[J]. 图书情报工作, 2009(1): 10-14.

[7] 王世伟. 世界著名城市图书馆述略[M]. 上海: 上海科学技术文献出

版社,2006.

[8] 邱冠华,于良芝,许晓霞. 覆盖全社会的公共图书馆服务体系：模式、技术支撑与方案[M]. 北京：北京图书馆出版社,2008.

[9] 罗京萍. 杭州地区公共图书馆"一证通"模式的探讨与实践[J]. 图书馆理论与实践,2008(5)：129-130.

[10] 冯玲. 城市图书馆集群管理的路径选择与实现方式——以东莞图书馆总分馆为例[J]. 图书馆建设,2007(3)：3-7.

[11] 方 崴. 佛山市联合图书馆 Unionlib 系统浅析[J]. 图书馆论坛, 2007(4)：74-76.

[12] 黄宗忠. 图书馆学导论[M]. 武汉：武汉大学出版社,1988.

[13] 程亚南. 构建知识平台 共享文明成果——深圳"图书馆之城"三年建设总报告[M]//深圳市建设图书馆之城推进办公室. 深圳市建设图书馆之城的理念与实践. 深圳：海天出版社,2006：1-34.

[14] 百度百科. 路径依赖法则[EB/OL]. [2009-07-09]. http://baike.baidu.com/view/530797.htm.

[15] 刘洪辉. 美国公共图书馆管理模式及启示[J]. 图书馆论坛,2005(4)：210-211.

[16] 徐建华. 现代图书馆管理[M]. 天津：南开大学出版社,2003.

[17] 刘兹恒. 我国图书馆网理论与实践的几个问题[J]. 图书馆,1992(2)：12-16.

[18] 涂中群. 透视区域图书馆的网络化建设与资源共享背景[EB/OL]. [2009-07-10]. http://www.docin、com/p-122560963、html.

访谈：走在城市图书馆集群协同发展的探索之路上 *

《国家图书馆学刊》于2007年第二期开辟"图书馆网络服务系列访谈"栏目，以专访形式陆续介绍走在中国图书馆事业发展前列的践行者，以及他们打造的不同模式的图书馆服务网络。2007年5月，笔者接受了该刊记者专访。

记者：目前国内图书馆在服务网络的建设过程中，往往会遇到信息技术方面的困难，你们在初创时就首先从技术层面切入，对此，您是怎么考虑的？

李东来：图书馆服务网络建设对于一个地区来说就是图书馆相互关联在一起的整体化发展，它应该是在多个层面上展开的。归结起来可以分为两个大的层面：技术层面和管理层面。从公共图书馆系统来看，以往也有省、市、县三级协作网，基本上是在管理层面内的组织形态层进行的，其网络的生存状态和输出效能是我们大家都知道的。基于现代信息网络环境下实施图书馆总分馆建设的，以上海中心图书馆为始，影响也最大，对行业的发展借鉴和启迪也多。大家都知道图书馆合作共建是应该做的事，而

---

* 原载于《国家图书馆学刊》，2008年第2期，有删节。

上海则告诉我们现在是可以做的，即使有很多困难与问题，但还是可以通过一些变通来实现总分馆制的基本目标的。如他们选用的技术平台未能充分实现总分馆的功用，就是问题之一，他们是利用上海图书馆已有业务管理系统加以拓展实现总分馆管理的。

总分馆制是图书馆资源共享和整体化发展的较好模式，这也是国内外同行的共识。东莞在推行总分馆制时，首先分析了当前城市区域图书馆发展面临的问题：一是图书馆提倡共享信息，但缺少支撑整体化发展的实用技术手段，成为整体发展的技术瓶颈；二是区域发展不平衡，图书馆管理条块分割，重复建设，效益低下；三是基层图书馆缺少资源，不仅是文献信息资源，更缺乏设备、人力、技术等运行管理资源，这是现实中的共性问题；四是个体形态的基层图书馆生存艰难，持续、稳定发展成为迫切问题；五是占有较多资源的区域内中心图书馆，没有充分发挥出有效管理和业务统筹职能，未能实现资源效益最大化。

解决这些问题，推行总分馆制，既需要管理层面中的政策措施、组织管理、制度规范、日常运作、资源配置与调度等建设，也需要技术层面的网络环境和业务管理系统的支持。当时在我国应用的国内外图书馆业务管理系统，大多是以单一图书馆的业务管理为处理对象的，在技术架构上也没有充分利用网络优势和IT技术新进展，即使部分有分馆管理功能的系统，但价格昂贵，城市内大量的基层图书馆难以承受。技术障碍成为推行总分馆的症结与瓶颈。我始终认为，网络时代的图书馆整体化发展离开信息技术是不可想象的，也是没有可能发展的。在图书馆事业发展的诸多因素中，技术不是最重要的，但技术是最有效的。攻克了技术障碍，总分馆的优势能充分体现出来，可收事半功倍之效。另外,技术研发与网络环境建设是我作为馆长能够利用可控资源加以解决的,而事业管理体制、他馆人员经费等涉及的不可控外在因素太多,实施计划与时间难以有效掌控。因此,从技术入手是最佳的现实方案。

顺便说一下,图书馆服务网络在管理层面可以通过不同方式、不同组织形态来实现,各地出现的众多模式与称呼就是证明。而在技术层面,网络内图书馆间的管理与功能实现大体上是相近或同类型的,技术差异并不大,实质上就是图书馆集群管理。

记者:你们的总分馆制的服务网络建设特点主要在哪里?

李东来: 东莞管理与协同发展模式,采取的实施战略是"技术+管理",也就是以技术为支撑,以政策作保障,以管理见效益,在不改变原有人员和行政隶属关系的情况下,由市政府和各镇区共同出资,共同推动总分馆制建设。

我们的主要特点归纳起来有:

一是从解决技术瓶颈入手。适应现阶段行政隶属关系不改变的现实,业务统筹和资源管理比较彻底,原有分馆资源都纳入总分馆体系中来,资产所有权与使用权分隔明确,各成员馆通过互联网共同使用同一系统平台,所有成员的书目数据、馆藏数据、读者数据、流通数据全部集中存放,集中处理,借助物流传递手段,使文献资源共享成为现实,解决了我国图书馆界普遍存在的系统多、独立分散、共享程度差等阻碍馆际协作和资源共享的技术瓶颈问题。

二是区域图书馆集群整体协同发展。各基层图书馆分馆无须配备昂贵的服务器与相关软件,系统客户端零维护,也无须配备专业计算机技术人员，降低了中小型图书馆使用自动化技术的人才和技术门槛，更重要的是它将基层图书馆的基础业务工作也完全融合为一体，统筹管理，使中心馆成为基层图书馆的中枢"大脑"和供血"心脏"。每个基层分馆都成为整个区域图书馆集群的一个服务窗口，而不再是其行政地域范围内独立作业的单个图书馆，各基层馆在集群的技术和资源支撑下形成整体协同发展的态势。

三是政府政策配套，环境良好。在推行总分馆制的过程中，政府的支持力度非常大，特别是确定推行总分馆制，建立考评激励机制，并在经费上由市政府统筹安排镇区分馆业务管理系统和网络通信基本费用，保证了基层图书馆采用同一系统的基本条件，强有力地保证了新型图书馆事业管理体制的建设。

四是管理制度跟进完善，稳步发展。总馆牵头制订有关组织机构、技术平台、集中编目、资源共享、财经管理、标识应用、业务培训和分馆业务开展的运行管理制度，以及各项业务工作标准要求和规则，保证了服务的水平和质量。

记者：你们总分馆在建设和运行过程中遇到过什么困难？有没有什么教训值得总结？

李东来： 从前面描述的总分馆实施过程可以看出，进行总分馆建设涉及图书馆发展理念、事业管理体制、内部功能组成、技术支撑环境等方方面面的问题，许多问题是以往图书馆单馆发展模式所没有的，困难是很多的。我们感到的突出问题有三个：

一是突破口选在哪？如何起步而且也能够起步？决策难题是首要的。我们觉得没有适合区域图书馆群整体运作的软件系统是最大的问题。二是软件开发风险。科研开发是要允许有失败的，即使不是完全失败，开发时间失控导致周期过长，也是不成功的。实际操作上，也是逐步攻克一些技术难题走出来的。三是管理体制制约。这方面业内谈得非常多，实质上也是我们面临的共性问题，主要就是人财物的管理体制。解决得好，可以看作是我们行业的一次革命。只要想做，可以八仙过海，各显其能，因为目标是相同的，曲折的道路是可以变通实现的。

记者：从您的切身感受来说，我国的图书馆实践迫切需要图书馆学研究在理论上提供哪些支持？

李东来：我认为，图书馆学是应用之学，实践之学。新世纪图书馆的生存环境发生了极大的变化，要求当代图书馆在内在结构、服务功能、技术体系、管理体制等诸多方面因应而变。我国经济的快速发展，促进了图书馆事业的高速成长。当今丰富多彩的图书馆实践活动需要理论分析与研究。我们常说，图书馆服务应该是需求导向，其实，应用层面的理论研究又何尝不是如此。

在实践中我们感觉到，任何一项重大的业务工作，都需要尽可能多地掌握充分的资料和已有研究进展。实践中的人常常思虑不深，分析不细，缺少系统性和整体性，常有身在庐山之感。在工作进行的前期、中期、后期都需要理论界进行研究分析和指导。随着图书馆的发展，重大型工作或项目也越来越多，更加需要进行前期的可行性分析和论证，更加需要进程跟踪与纠偏调整，更加需要后期的总结与评估，实质就是需要更加科学地决策和工作。新馆建设、共享工程、数字图书馆、城市图书馆建设是如此，读者服务、阅读指导、总分馆制、队伍培养、组织文化、法制法规等莫不如此。

我想，图书馆学研究与现实中图书馆实践相结合尚有非常大的空间。鼓励针对问题开展实证性研究，既是欧美和我国港台地区图书馆学界侧重的研究形态，也是我国蓬勃发展的图书馆现实所需。

记者：通过总分馆制的建设，您获得了什么感悟？

李东来：经过几年来坚持不懈的努力，东莞图书馆在地区内开始发挥出龙头作用，逐步由普通的地市级图书馆向现代化城市中心图书馆迈进，全新的地区图书馆服务体系雏形也已经初步显现。从我个人来讲，我非常享受这个创造的过程，在前进中，也会时常反思这段难忘的路程。我有这样几个体会：第一个是，大的事业建设是一项复杂的系统工程，要有系统的观点和方法来进行。要分清主次、重点和难点，循序渐进。不急不行，太急也不行。第二个是，社会是需要图书馆服务的，这要看我们是不是和社会需要紧密结合，有没有融入社会走近民众。应当说现在图书馆发展的环境是相当好的，图书馆更加要积极主动地研究社会需求，发挥自身作用，通过自己的工作成为社会的必需品而不是装饰品，赢得社会的尊重与认可。当我看到图书馆里座无虚席，图书馆的活动人气鼎盛，基层群众对图书馆服务的欢迎，都会油然而生一种特别的满足感。从激励员工的角度看，也会提升员工工作的自豪感。第三个是，要做不要等。举个例子：图书馆流动车是我们动静结合的总分馆制的重要一环，最初启动这项服务时，我们是自己创造条件，将一台旧面包车改装为图书流动车，开到企业、军营、社区、广场为群众服务，收到了很好的效果；最后争取到市政府拨款支持，添置了新车，到现在建立了100个图书流动站，被广大市民称为"身边的图书馆"。应该说，越主动做自己就越主动。

记者：对馆长这个职位您怎么理解？

李东来：我相信，每个馆长在这个岗位上都会有许多感慨，也都会有各自不同的感受和理解。不同的工作环境对馆长的要求也不同。对这个职位我看重6个字：前瞻，管理，效益。

图书馆科技创新与卓越绩效管理探索

具体的才是丰富的。在自助图书馆的研发实现过程中，体现出了"读者至上""细分读者""成本效益"和"继承创新"等理念。

将管理内化到软件系统，借助软件系统传播和辐射新的理念的形式是网络时代的一种突出特征和有效方法，更是以信息处理为基础的图书馆行业发展的优选路径。

卓越绩效模式提供的一整套"卓越经营模式"，对目前正处于变革发展时期的公共图书馆而言，无疑是值得学习和实践的。

城市图书馆服务体系与公共数字文化建设*
——东莞图书馆的实践探索与思考

改革开放的30年,中国大地发生了翻天覆地的变化。经济飞速发展,同时也是城市化进程加速期。中国的城市化水平由1978年的18%到2011年的50%,呈现出大城市不断发展,小城市不断涌现的发展态势。城市是图书馆发展的摇篮。城市化程度越高,人们对知识和信息的需求越强烈、越迫切,对图书馆的需要就越多。可以说,公共图书馆事业是与城市化进程相伴生的。国家"六五"时期提出要县县有图书馆,到"十一五"时期提出县区要试行图书馆总分馆制,这可以看作图书馆由个体建设进入群体建设,重视区域内图书馆整体为区域需求服务。由此,依托现代信息技术的图书馆体系化建设和数字文化服务成为现代图书馆事业建设的重要组成,也成为新世纪图书馆发展的新内容和新亮点。在城市化进程和图书馆事业的发展中,东莞无疑具有典型的标本意义。

---

* 原载于《数字图书馆论坛》,2012年第1期。

1. 新世纪东莞图书馆事业发展的文化建设背景

（1）城市概况

东莞位于广东省中南部，珠江口东岸，1985年9月从农业县转为县级市，1988年1月升格为地级市。改革开放30年，东莞充分发挥人缘、地缘和政策优势，率先引进外商投资，扩大就业，建立加工贸易基地，逐渐走出了一条外向型经济、园区经济、民营经济交相呼应，信息产业和现代服务业互为支撑的发展路子。到2007年底，东莞的经济总量跃居全国地级城市第一位，成为中国经济发展奇迹的缩影[1]。

截至2010年，东莞全市常住人口达822万人，户籍人口约为180人。常住人口中，男女比例为117.81：100，15—64岁人口占总人口的89.49%；文化程度大学（大专以上）人口占7.1%，具有高中（含中专）程度的人口占20.3%，具有初中文化程度的人口占54.4%[2]：可见，年轻化、外来人口比例很大、文化程度普遍不高但受过一定的教育是东莞人口结构特点。这使东莞公共文化服务在普遍、均等、公益等方面又有其特殊的要求。

（2）新世纪城市战略夯实了文化发展基础

2001年，东莞实施文化新城的发展战略，大力发展图书馆之城、博物馆之城、广场文化之城的文化三城建设。斥巨资投入文化事业，10年总投资超过15亿元的市级文化设施如玉兰大剧院、东莞展览馆、东莞图书馆等，均在国内同类中处于前列。2010

年，东莞提出新的文化发展目标，从"文化新城"向"文化名城"迈进，出台《东莞市建设文化名城规划纲要(2011—2020年)》，现已正式进入实施阶段。东莞将用10年左右时间，建设成全国公共文化服务名城、国家历史文化名城、全国现代文化产业名城和岭南文化精品名城[3]。2011年，东莞成为国家公共文化服务体系示范区的首批创建城市，迈向文化建设的新历程。

东莞城乡一体化的发展特征，带来了对区域整体发展、城乡协调发展、生态共存共生、资源共享共建等多个方面的需求。城市图书馆作为区域文化活动基地与信息集聚中心，顺应经济社会发展的要求，实现与区域良性互动，谋求共同发展已成为必然。东莞强化图书馆体系化建设与发展，实施整体协同，打下了图书馆之城的根基。

（3）技术环境变化给予文化新的发展思路

伴随着社会信息化和网络化进程，数字信息正以爆炸式的速度增长，信息处理技术、数字存储技术、网络通信技术、云计算服务的迅速发展，以及移动阅读终端和智能手机等新的信息读取工具的出现，给公共数字文化服务带来新的机遇和挑战。

正如美国未来学家托夫勒对未来的预测那样："科学技术越发展，人们按照自己的需要创造资源的能力就越大。"从2002—2009年，互联网信息从5 EB（艾字节）*增长到281 EB，7年间增长了55倍。美国国际数据公司一项名为"数字世界"的最新调查显

---

* 1 EB(艾字节) = 1 024 PB = 2^{60} B。

示，2010年全球将产生1.2 ZB（泽字节）*数字信息。面对庞大的信息量，信息处理技术也快速发展，数据挖掘、知识发现、联邦搜索、跨库检索等技术不断推陈出新，云计算服务的出现正悄悄改变着人们使用计算机等现代技术的方式。在如此庞大和急剧变化的赛博空间，人们有新的生活需求，也要求有文化汲取和精神依存，就是数字文化建设与服务。数字文化是紧紧依托于现代信息技术基础之上的新文化建设，是信息技术和文化内容的融合。这为以知识信息服务为主要职责的图书馆带来新的发展需求和成长空间。

东莞经济发展，通信网络健全，互联网络、电话、无线通信、有线电视等实现城乡全覆盖，光纤到村甚至入户；东莞常住人口具有年轻化大比重特征，而年轻人对现代信息技术和数字阅读方式更易接受甚至热衷和喜爱：因此，无论从大众需求上还是技术环境上，都有利于东莞公共数字文化服务的发展。

2. 公共数字文化服务的实践探索

（1）城市图书馆公共文化服务体系的结构层次

东莞是一个地级市，不设区、县，下辖32个镇和街道，镇（街道）下辖村和居委会。依托于现在行政管理模式，各级政府共同投入参与市域公共文化服务体系建设。东莞的图书馆总分馆制实行市—镇（街道）—村（社区）三级管理模式，由市政府发

---

* 1 ZB(泽字节) = 1 024 EB(艾字节) = 2^{70} B。

文将建设图书馆之城和推行总分馆制的责任落实镇（街），利用镇（街）对村（社区）的直接管辖与联系，充分调动基层的建设积极性，发挥基层人财物的作用。目前，东莞已建立起1个总馆、51个分馆、102个服务站、1个汽车图书馆、37个24小时自助图书馆或图书馆ATM等5种服务形态为一体的图书馆集群系统，完善了城市图书馆公共服务体系，图书馆服务覆盖全市32个镇区2 400多平方公里。

东莞城市图书馆公共服务体系由不同功能层级共同搭建而成，层次明晰，逐级支撑。如图1所示：网络设施处于最底层，包含网络连接和信息技术设备，提供最基本的技术设备和环境保证；搭建于其上的是图书馆技术应用层——以图书馆集群系统为基本构成，图书馆信息技术应用和数字文化服务主要建构在这一应用层中；其上是图书馆体系管理层，不同的体系管理模式在此

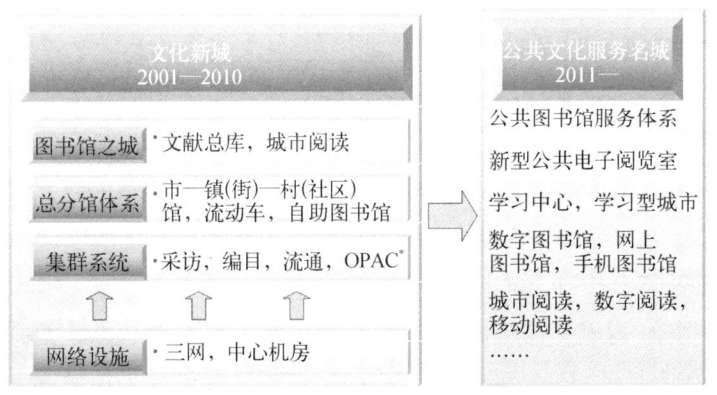

图1 东莞城市图书馆公共服务体系功能层级示意图

* OPAC：联机公共目录查询系统。

大显身手，东莞实施的是业务统筹型的总分馆管理，也是东莞图书馆之城的骨架和支撑；再其上是城市发展的图书馆定位和文化定位，体现出城市对图书馆的认识、需求和重视程度。东莞在文化新城建设时期就重视图书馆事业，重视图书馆体系建设，将其视为新城市发展中文化定位的重要组成部分，以城市未来发展的整体需要呼应和提高图书馆的公共服务体系建设，并以扎实的分级推进予以不断完善。在新的公共文化服务名城建设中，新的功能应用和新的数字文化将充实和完善已有的图书馆公共服务体系。需要特别指出的是：各个功能层级要协同配合，共同承担城市需要，共同服务城市发展，这是完善的现代图书馆服务体系所要求的。

（2）"四个结合"的统筹发展思路

考察国内外数字图书馆建设和数字文化服务，可以发现数字服务虽然是通过网络提供的虚拟化服务，但也需要服务实体的支撑和推动[4]。依托东莞已有的文化建设基础，我们确立了"四个结合"的统筹发展策略，即公共数字文化服务要与图书馆总分馆建设、文化信息共享工程建设、数字图书馆建设、公共电子阅览室建设结合起来，统筹发展。图书馆总分馆建设是体系化发展的主要形态，其依托的图书馆集群管理系统本身也是数字文化的重要组成；文化共享工程、数字图书馆都是以信息技术和数字信息资源为基础的，在国家实施工程推进中有不同的分工和侧重；公共电子阅览室是利用信息技术和资源的场所，同时也是图书馆服务体系的必要组成。可以说，4个方面的建设是相关性很强的，在地市一级应该整合起来，统筹考虑，共同推进。

统筹发展策略使虚拟化的数字文化服务找到实体依托。图书馆总分馆、文化共享工程基层服务点、公共电子阅览室这些服务场所的发展在东莞有一定的基础，不仅为数字文化服务提供了交流、互动、面对面的服务空间，还提供了具有一定素质的专业人才队伍和设施设备，更积聚了阅读者人气和读者群体。

依托图书馆服务设施实体，更能了解大众的需求，让大众在享受数字化的服务中也能体验原有图书馆服务中的人性化服务。如在数字资源整合中，我们建起了网上电子书馆、工具书馆、漫画和连环画馆、时政报刊馆、学术论文馆、音乐图书馆、有声读物馆等，使数字图书馆与东莞图书馆的专题特色馆中馆虚实结合起来。这些网上特色馆从大众易于理解的角度进行文献分类和推送，有效地提高了数字资源的使用率。

（3）技术创新实现文化服务全时空覆盖

科学技术是最为活跃的变革动力，是"第一生产力"。文化服务范围的扩展、文化服务功能的进步、文化服务手段的更新都有赖于科学技术。东莞在实施图书馆总分馆制之初，就充分认识到了现代信息技术对图书馆服务体系的支撑作用。2003年研发Interlib图书馆集群网络管理系统，通过技术突破，解决多个图书馆间的业务耦合和互连互通的技术瓶颈问题；同时重视管理层面的政策措施、组织管理、制度规范等建设，以技术＋管理的策略建立图书馆总分馆体系，通过信息资源、设备资源、人力资源等多资源共享有效缓解了基层图书馆普遍存在的藏书数量少、技术设备差、服务能力低下等问题，实现了总分馆体系的业务统筹、图书通借通还、资源共建共享等集群化管理和一体化服务。

基层图书馆只需配置 PC 机通过网络便可使用 Interlib 系统，无须安装业务系统，无须配备服务器和存储等硬件，无论何时何地链接互联网络便可进行图书馆业务处理，充分发挥了中心图书馆在资金、设备、人员、技术、资源等方面的优势。这与近年云计算的服务形态十分相似。通过软件平台，使图书馆整体协同理念和群体规范管理等思想内嵌在集群管理系统中，绕过和解决了行政层级体制对纵向的业务体系建设要求的束缚与制约。这种模式是现实环境中较为有效的图书馆体系建设路径。与单馆各自建设的模式相比，总体经费可节省 2/3 到 4/5。目前全国已有 2 000 多个图书馆选用 Interlib 集群系统，包括广东流动图书馆，黑龙江、青海、山西、海南等省共享工程，杭州、宁波、苏州、青岛、大连、长春等实施总分馆的城市。东莞以技术创新为起点，在较短的时限内实现了全市域范围的图书馆体系化服务。

　　文化服务能否突破时间的限制，实现 24 小时服务？台北诚品书店以客为尊的理念及其 24 小时服务使其成为台北的文化地标，为我们树立了目标；银行的 24 小时自助服务给我们启示；常常听到图书馆开放时间再长一些的读者期盼给我们以激励。2004 年底，与筹备东莞图书馆新馆开馆同步，我们开始进行自助图书馆的立项研发。2005 年 9 月，推出国内首个无人值守、读者自助服务的 24 小时自助图书馆，由此东莞图书馆实现了"365 天天天开馆，24 小时时时开放"的服务形态。自助图书馆综合利用了图书馆业务系统、图书自动识别、图书自助借还、门禁控制、视频监测等已有技术，进行增值整合开发，提升了图书馆的功能，创新了服务形态，使"永不关闭图书馆"成为现实。在具体的科技项目中体现了读者至上、细分读者、成本效益、继承创新等理念。

2007年12月，东莞图书馆又推出国内首台图书馆ATM。图书馆ATM是一个带操作面板的书柜，读者可凭有效读者证在该设备上借还书，设备与图书馆业务系统相连，通过机械手将读者要借阅的图书送出，将归还的图书自动上架，实现图书即还即借、通借通还功能，可灵活设置在城市任何需要的地方。图书馆ATM在时间和地域上延伸了图书馆服务，成为东莞公共图书馆服务体系的有益补充。

东莞通过图书馆总分馆、数字图书馆、图书流动车、24小时自助图书借阅等多形态服务，交织构成时间全天候、地域全覆盖的城市图书馆服务空间，走出一条服务为本、技术引领的图书馆增值服务之路，更深切地感受到了文化与科技融合的强大力量和无穷潜力。

（4）资源整合与便捷服务

纵观图书馆发展历史，资源与服务始终是图书馆工作两大组成部分，不可或缺，只是在不同的历史时期侧重点不同罢了。进入网络时代的图书馆依然难改其本，仍然需要在这两个方面不断努力，扩大范围，提高效能，优选各种方式和手段，扩展社会影响。数字资源是数字文化服务最根本的要素，丰富的数字资源是城市图书馆体系不可缺少的，也是开展数字文化服务的基础[5]。东莞图书馆的数字资源建设注重与纸本资源的统筹协调，形成复合式馆藏；注重不断增加数字资源的购藏比重，以应发展之需；注重不同类型的数字资源的系统完整与结构比例，满足不同的社会需求；注重资源建设的藏用结合，对不同类型和不同格式数字资源增加管理平台，提供单一入口检索；注重数字资源的使用范围必须包括在全市图书馆总分馆体系中,也尽量可以在互联网上供全市市民利用。截至 2010 年,东莞图书馆数字馆藏包括 100 多万种电子书、近 9 000 种电子期刊、500 种电子报纸、2 500 多万篇学术论文、50 万首乐曲、1 万集视频讲座等数字资源;此外,还有大量以包库使用等形式提供服务的资源,向大众提供的数字图书达 200 万种,讲座、课件等资源达 6 万集。

数字资源的单一入口检索是为了方便读者,而通过技术的不断演进与完善,提供公共数字文化服务的新方法新手段更是层出不穷,使图书馆服务更加人性化,更加便捷。东莞图书馆较早地实现了全市读者的统一认证和单点登录,推出了图书馆"e 读卡"和"e 账号",减少使用不同数字资源时的认证程序给读者带来的不便,加大了数字资源的宣传。在公共电子阅览室试点建设中东莞图书馆开发了云计算中心和"文化 e 管家",实现远程管理与服务,方便了基层;新型电子阅览室可以多种终端并用,吸引并方便了市民。随着数字化和网络化的发展,网上博物馆、网上展览馆、群众艺术网络交流平台等也逐步成为城市公共数字文化服务的重要内容,应建设公共数字文化服务的统一平台,实现数字文化服务统一入口、统一账号、一站式检索等功能,民众可以在一个平台上制订和获取自己感兴趣的多种文化服务和信息。

(5)学习中心——图书馆数字文化服务新形态

信息技术大潮从来没有像现在这样广泛而深刻地改变着人们生活的各个方面,一定程度的数字化生存不再是遥不可及,而是就在我们身边,或者就在我们身上[6]。人类被数字包裹着拖曳着一路狂奔,有时常常失掉了自己本身。图书馆受到的影响和冲击也堪称巨大。2011年5月全球最大的图书销售网亚马逊（Amazon.com）宣布，公司的电子书销量已经超过了纸质实体书，这是一个分水岭。以书为业的图书馆如何应变？图书馆的未来以何为重？不能不引起我们深思。图书馆以往的服务有3个层次：信息查找、文献阅读、知识交流。现在人们查找信息不必再找背靠工具书架皓首穷经的老图书馆员，而是首先想到谷歌"小姐"和百度"先生"，"信息查找"这一图书馆传统服务已经基本被网络取代[7]。文献阅读近年在图书馆界大行其道，以2006年中国图书馆学会阅读指导与科普推广委员会的成立为标志，随后，热浪滚滚，现在仍是勃勃焉，其势正劲。究其原因，一为本色回归，二也是环境变化使然。那么，图书馆的未来呢？我认为，知识交流将渐变为我们行业的主要服务，而现代意义的学习中心就是最好的展现形式。

图书馆被誉为没有围墙的大学，社会教育是图书馆的重要职能之一。东莞图书馆在2005年新馆开馆就同步推出了以E-learning平台为基础的东莞市民学习网，在学习组织、课件推送、网络学习和现场教学、图书馆员职业培训等方面进行新尝试。2009年"互联网环境下的市民学习平台研发与项目实施"通过国家文化部组织的"文化部科技创新项目"验收。2011年，根据城市发展和社会需要，在原有学习网的基础上，提出以学习中心理念重组图书馆功能的目标，在城市整体需求的大格局中进行思考，对文化服务设施布局、服务网络构建、服务阵地管理、服务资源整合、服务手段创新等进行体系化的分析。2011年6月启动了"东莞学习中心"建设。东莞学习中心是对城市图书馆馆藏图书、数字资源、讲座、各大名校名家教学视频等资源的重新整合并主动推送，实现大众学习自我管理和政府导向相结合的一个学习平台，是城市公共数字文化服务新的方式和形态。东莞市民学习网和东莞学习中心开通以来，注重网络学习与现场授课的虚拟结合，注重"学习空间"的构建。通过组织互助学习小组、周末公益讲座、"我为市民讲一课"等活动，聚合了一批热心的志愿老师与学习积极分子，强化了老师与读者的交流，使得教育过程真正实现了网上与网下、实际与虚拟环境、分散与集中等多种便捷学习方式的融合。此外，还在东莞图书馆的多个分馆和文化共享工程基层服务点设置了学习基地，根据东莞产业需要制作外来务工学习课件。这种阵地组织的线下活动与学习中心平台的线上资源服务形成呼应，既是线上数字文化服务的内容来源，也是其推广的载体渠道。新的东莞学习中心将试行资源与服务相结合的工作形式，根据读者需要重组数字资源，同时加强学习进程的跟踪与管理。开放的学习中心是公共图书馆转型与发展的重要形态。

3. 体会与思考

（1）数字文化需求巨大，内容与传输存在巨大反差

当前互联网应用情况表明数字文化的需求是巨大的。CNNIC*《第28次中国互联网络发展状况统计报告》显示，截至2011年6月底，中国网民规模达到4.85亿，手机网民达3.18亿[8]。第八次全国国民阅读调查显示，2010年我国18—70周岁国民数字阅读方

---

* CNNIC：中国互联网络信息中心

式的接触率为32.8%,比2009年的24.6%增加了8.2个百分点,增幅为33.3%[9]。伦敦大学学院以5年时间做了一个网络研读习惯的研究,结果发现网络阅读的读者不是在以传统方式进行在线阅读,而是以一种"新阅读"方式进行"海量浏览"。

经过10余年的建设,数字图书馆已经积累了丰富的文化资源,可以说涵盖了工作、学习、生活、科研的方方面面,文化共享工程更是集中了全国各地的优秀文化艺术资源;但与商业的网上门户相比,其利用率却很少,内容与传输存在着巨大反差。原因是多方面的:一是提供的内容是否是大众所喜爱的、所需求的,如一些北方的农业种植技术和地方戏剧在南方就不受欢迎,这说明海量馆藏与大众喜爱资源存在反差;二是阅读需要引导和资源推送,从商业化阅读网站可看到宣传广告的影响和成效。文献整理、导读等工作本是图书馆的专业强项,但在数字阅读推广方面却没有发挥优势。这反映了图书馆自身服务模式存在问题,依然局限在传统图书馆服务的经验框架里,将数字服务作为传统服务的补充来看待。改变公共数字文化内容与传输的不对等,需要图书馆人转变观念,真正从"数字"出发来组织服务的内容、方式、形态和流程,并借助适当的媒介加以推广。

(2)数字文化建设也需要体系化思路与整合方法

体系化发展思路使公共数字文化服务具有坚实的实体支撑,整合则让公共数字文化的高效和创新服务成为可能。在公共数字文化建设中要重视政策、技术、考评等整合方法,并善加利用。

① 政策手段 整体发展、普遍均等是区域公共数字文化服务的大目标。目前各地正在实施的图书馆之城、总分馆、联合图书

馆等应该得到政府的鼓励支持,特别是后续的深入发展更需要政府的发展政策、统筹资金、激励机制等的持续性保障[10]。将仅靠行业指导难以产生效力的事项通过政府文件、法规甚至法律的形式予以规定,产生一定的强制效力,有利于区域公共数字文化的健康有效和可持续发展,在区域公共数字文化服务整体协同发展的道路上少走弯路。

② *技术手段* 技术不是最重要的,但技术是最有效的。善用科技的力量将更好、更快地促进文化事业的发展。信息技术在图书馆发展中起的作用尤为重要,是图书馆工作中最重要的生产力因素,正是科技发展促生了图书馆 ATM,RFID* 图书馆等新的服务形态,实现了便民的 24 小时全时段服务。数字文化服务更加离不开技术的支撑,需要我们对科技有更多的热情、更多的了解、更多的跟踪与研究,也需要更多的胆识和智慧。对科技的选择原则以急需、适时、实用、经济为主,同时结合需要适当开发新功能。

③ *考评手段* 文化发展应该纳入地方政府综合工作考评指标之中。文化建设要成为城市经济社会发展重要的战略组成部分,仅仅由文化部门来推动则力量有限,关键是要调动社会方方面面的积极性、主动性和创造性,使文化发展由部门工作上升为党委、政府的全局性工作。将公共数字文化服务纳入地方综合工作考评指标之中,有助于提升公共数字文化工作的执行力度和服务开展的效益,对区域数字文化服务的发展都起到很好的推动作用。

---

* RFLD:射频识别技术。

（3）虚实结合的数字文化服务发展策略

我们在建设城市公共文化体系时常常是首先抓硬件基础建设，非常重视阵地服务的作用，公共文化服务场馆又因其显著的城市文化标识作用使其成为公共数字文化推广最有利的阵地平台。东莞早在2004—2005年打造图书馆之城时已提出要虚实结合构建城市图书馆服务的有形之网和无形之网。其中，有形之网是指图书馆开放服务点遍布全市，无形之网是指数字图书馆网络覆盖全城。而在数字图书馆的服务中也始终贯彻虚实结合的策略。如网上电子书馆、工具书馆、漫画和连环画馆等与东莞图书馆的特色馆中馆对应，学习中心作为网络学习平台的同时还设置了学习中心教室和培训基地，等等。虚实结合的策略使数字文化服务收获更佳的服务效果。

人们习惯将数字化网络化的数字服务称为虚拟化服务，然而我们发现，虚拟化的服务仍需要诸如图书馆、文化馆、公共电子阅览室等实体依托，而实体的图书馆、文化馆、艺术馆等需要借助网络和数字化实现服务在时间、地域上的延伸[11]。数字公共文化服务需要虚实结合，一方面以实体建设支持和巩固虚拟服务的空间、设施和人力资源环境，强化虚拟服务的统筹管理力度；另一方面也需要服务场馆的阅读推广、信息素质培养、提供交流活动等实体空间服务来宣传、引导数字文化资源的利用。

（4）公共数字文化服务需要有全市文化资源整合的新平台

图书馆的数字服务相对于城市博物馆、文化馆、美术馆等其他文化场馆发展较早，网络设施和服务平台比较完善，许多地方的图书馆在信息技术利用和数字化建设方面常常走在文化系统的前列。然而一个城市的公共数字文化服务仅有数字图书馆是单薄的，仅通过互联网提供数字服务也是有局限的。公共数字文化建设的内容是方方面面的，城市公共数字文化要取得进一步的发展，需要调动文化系统各个分支的力量，整合博物馆、文化馆、美术馆及基层文化机构的数字文化服务平台，提供包括数字图书、报刊、论文、讲座、展览、音乐、剧目、文物等全方位、一体化的数字文化内容与服务。尤其需要注意的是，事物涉及的范围越广，群体性越多，就越需要标准。标准建设是体系必不可少的，也是和技术结合所必需的。

随着东莞创建国家公共文化服务体系示范区工作的深入开展，作为示范区工作的一个研究课题，东莞数字公共文化服务体系建设将借助较好的文化建设基础，向着统筹发展、时空覆盖、普遍均等的方向继续迈进。

参考文献

[1] 中国特色发展之路课题赴广东省东莞市调研组. 东莞奇迹是如何创造的——广东省东莞市经济社会发展调查[N/OL]. 人民日报, 2008 - 11 - 13 (008) [2011 - 12 - 28]. http://finance.people.com.cn/GB/43429/134477/8430257.html.

[2] 东莞市统计局. 东莞市 2010 年第六次全国人口普查主要数据公报[EB/OL]. (2011 - 5 - 23) [2011 - 12 - 28]. http://tjj.dg.gov.cn/website/web2/art_view.jsp？articleId=4012.

[3] 吴春燕,刘燕. 从"文化新城"到"文化名城"——广东东莞市开拓文化发展之路[N]. 光明日报,2010-12-17(001)

[4] 王凤娥. 国外数字图书馆发展及其启示[J]. 情报资料工作,2008(3):57-59.

[5] 方允璋. 信息资源组织与文化信息资源共享工程可持续发展[J]. 福建社科情报,2004(3):15-18.

[6] 李家清. 信息资源共建共享环境下的信息服务发展趋势[J]. 情报科学,2004(4):449-452.

[7] 梁桂英. 1988—2007年国内网络阅读研究综述[J]. 图书馆杂志,2008(4):7-11.

[8] 中国互联网络信息中心. 第26次中国互联网络发展状况统计报告[EB/OL]. (2010-7-15)[2011-12-28]. http://cnnic.cn/hlwfzyj/hlwfzzx/qwfb/201101/t20110124_31170.htm.

[9] 中国新闻出版研究院全国国民阅读调查课题组. "第八次全国国民阅读调查"十大结论[N/OL]. 中国新闻出版报,2011-04-24(005)[2011-12-28]. http://news.xinhuanet.com/book/2011-04/24/c_121341147.htm.

[10] 凌之敏. 政府购买公共服务 呼唤政府改革提速[N/OL]. 北京青年报,2011-03-17(A2)[2011-12-28]. http://bjyouth.ynet.com/article.jsp?oid=77311607.

[11] 吴慰慈. 信息资源开发与利用的十个热点问题[J]. 中国图书馆学报,2008(3):5-10.

公共电子阅览室的建设与思考*

公共电子阅览室建设是国家"十二五"期间文化系统实施的重点工作计划,是构建普遍均等、惠及全民的公共数字文化服务体系的重要环节。2010年,东莞成为国家"公共电子阅览室建设计划"首批试点城市。国家为什么下这么大精力在全国进行公共电子阅览室推广工作,它有一些什么样的要求?公共电子阅览室与以往的电子阅览室有什么不同?基于此,笔者从现状、问题、思考、探索、4个方面进行探讨。

1. 东莞现状

改革开放30年来,东莞由农业县发展为国内外知名的制造业基地,实现了城乡一体化。对城市环境和区域内服务人口情况的调研分析是做好公共电子阅览室建设与服务的基础。

(1) 服务对象

从服务对象来看,东莞最大的特点就是外来务工人员多。据

---

* 原载于《图书馆建设》,2012年第1期。

2010年底的人口普查数据显示，东莞常住人口822万[1]，户籍人口180多万，也就是说，外来务工人员有630多万[2]。这种人口特点要求我们必须对服务对象和服务基础进行重新认识。我们的服务对象广泛分布在东莞各村、镇。如虎门这种发达镇区，各村都有工业区，外来务工人员很集中。这些务工人员相对年轻，对新事物比较容易接受，他们普遍拥有手机，乐于接受数字阅读与学习。

（2）网络环境与图书馆体系基础

东莞的网络设施条件非常好，已经实现光纤到村，部分居民小区已经实现光纤到户，目前正在建设"无线城市"。东莞行政架构特殊，它虽然是地级市，但没有县区一级的中间层，直接管辖下面32个镇。目前东莞建成了市、镇、村三级图书馆结构，包含5种形态的总分馆体系。东莞采用图书馆集群来支撑总分馆体系，以东莞图书馆为总馆，共建成48个分馆、102个图书流动车服务站和5个图书馆自助借还机，覆盖全市32个镇街。见图1。

2011年6月，东莞成为首批创建国家公共文化服务体系示范区之一。同时，东莞市政府又启动了"文化惠民"工程，要求未达标的193个村都要建成公共电子阅览室。因此，公共电子阅览室的建设要针对不同的服务对象，解决存在的问题和开展新的服务。

2. 存在的问题

公共电子阅览室建设是国家三大数字文化工程之一。如何在全国有效推进并保证公共电子阅览室正常开展服务，有许多问题

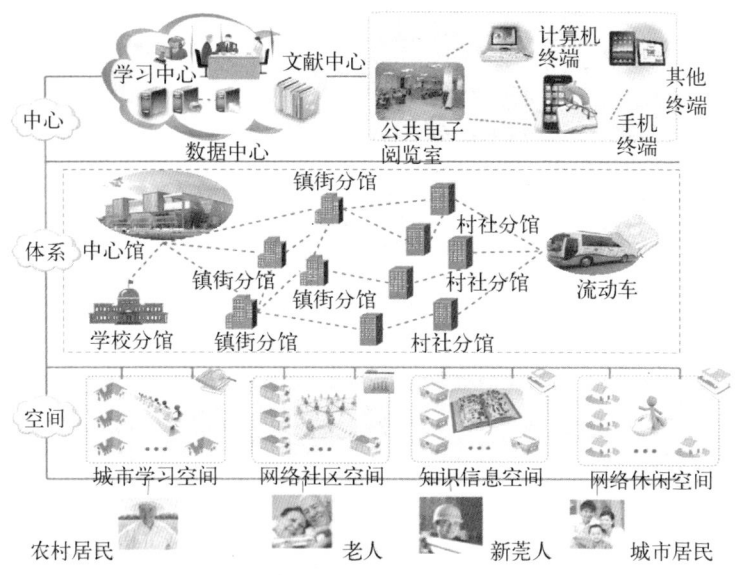

图 1 东莞图书馆集群图

需要认真对待并加以分析：① 新的电子阅览室如何体现公共电子阅览室的公益化服务形象？不收费是公益化服务的基础，但仅仅不收费是不够的。② 公共电子阅览室如何改变"变相网吧"的形态？以往有些电子阅览室最后变成了网吧，东莞也存在这样的问题，甚至有个别村电子阅览室自己挂上了共享工程服务站的牌子，借用公共的牌子行网吧之实，放任学生上网，其网络内容有很多是违规的。③ 如何改变公共电子阅览室利用率不高的困境？每年共享工程督导组到各地督导工作都会发现，电子阅览室存在没有充分利用好现有设施的问题。原因有很多，如开放时间不适宜、信息内容有所限制、管理过紧过严，等等。④ 如何给未成年人打造安全健康的网络环境？未成年人在电子阅览室学习，是家长、社会甚至中央领导都关心的问题。⑤ 如何有效实时监管公共电子阅览室的运行状况？如何让公共电子阅览室容易管理和维护？管理应该越简单越好，简单才能使公共电子阅览室深入基层。要想达到每个村每个乡镇都有技术水平较高的人员是不现实的，一个基层网点的电子阅览室进行繁琐的服务器配置和维护也是困难的。除此之外，还有很多问题需要研究分析，加以解决。"十二五"期间，国家大力推进公共电子阅览室建设，这就要求必须要有新的思想和技术来充实并完善这项工作。

3. 对建设公共电子阅览室的思考

建设新型公共电子阅览室要满足以下几方面要求：

（1）时尚新颖，能吸引人。电子阅览室的主要服务对象是年轻人，而信息技术应用本身也具有很强的时代性。因此，应注重公共电子阅览室的设计，在环境上有突破性的改变，其形象风格设计要有新意，要时尚新颖，色彩要吸引人。公共电子阅览室的设计可以借鉴连锁店的设计。例如，麦当劳在全球具有很大的影响力，它的软性资产具有很强的积累性，作为文化事业的新型公共电子阅览室也应该有这种形象标识和认知。同时，新的终端设备（如 iPad、手机等）都可以在此得到应用。

（2）安全、可控，监管有效。公共电子阅览室的监管可以实行中心监管，通过采用新技术（如云计算、"文化 e 管家"）实现分级管理，自动过滤。

（3）易建设、易维护、易管理，保证运营。基层公共电子阅览室快速构建的3个步骤为：① 选定电子阅览室建设场地，部署形态统一的家具；② 摆设 PC 机、平板电脑（iPad）等设备；③ 配置"文化 e 管家"，将其接入互联网，连通公共电子阅览室云服务管理中心。在公共电子阅览室的维护管理上，要实现操作傻瓜化，通过云计算实现中心维护，免除基层技术维护，减轻基层运营压力，解决基层缺少信息技术人员和专业管理人员的现实问题。

（4）体系完善，提升服务。一个电子阅览室发挥的作用是有限的，这就需要体系化的信息资源和技术支撑。依托公共图书馆服务体系，可以将各级图书馆已有的数字资源和技术力量充分利用起来，通过电子阅览室这个阵地开展数字文化服务，这样可以提高整体服务效能和社会服务能力，可以实现"有线网络 + 无线网络"的立体式网络覆盖，可以实现"资源导航 + 信息推送"的多终端服务。同时，公共电子阅览室也是公共文化服务体系建设的重要组成，也需要按体系化的思路进行推进和建设。

4. 东莞公共电子阅览室的新探索

按照东莞建设"文化名城"和"文化惠民工程"方案，到2012年底全市将实现镇街、社区公共电子阅览室全覆盖。为保障基层公共电子阅览室建设顺利并发挥良好服务效益，东莞在原有的图书馆集群管理基础上，提出通过云计算技术开发应用来实现公共电子阅览室的快速构建与安全可控可管的策略。经过不到一年的研发，基于现代技术的新型公共电子阅览室服务模式、管理模式和环境设施已基本成型。

（1）新环境——打造公益数字文化服务连锁店

东莞新型公共电子阅览室应用形象设计理念是通过实现"五

个统一",即统一标识、统一风格、统一技术、统一服务、统一管理,将其打造成政府为人民群众提供公益数字文化服务的"连锁店",以丰富、趣味、健康、生动的内容,成为保障人民群众基本数字文化权益的服务阵地。其空间布置时尚新颖,温馨舒适,设备布局多样,主体家具橙黄色的时尚外观和高辨识度特色给人留下深刻的印象,易于增强民众对文化事业的认同,对公益性文化事业也起到了宣传和推广的作用。见图2、图3。

图2 公共电子阅览室服务台

图3 公共电子阅览室服务区

(2) 新技术——"文化 e 管家"

"文化 e 管家"设备是东莞新型公共电子阅览室建设的技术核心。见图 4。该设备采用云计算技术，将软件系统、数字资源、安全网络设备、无线接入设备等构建公共电子阅览室的相关元素集成到一台服务器上，即一台设备同时具有电子阅览室的服务器、存储器、流媒体服务器、资源服务器、网络设备、安全网关设备、无线接入设备功能和电子阅览室管理功能。使用时无须安装客户端软件，也不用维护管理，对阅览室的工作人员没有技术要求。"文化 e 管家"的主要功能包括：① 网络过滤——具有增强的白名单黑名单功能及关键词过滤技术，保障健康上网；② 安全使用互联网——在云计算服务模式下，监控中心实施监控每个阅览室在线运行细节，并能远程控制电子阅览室的网络访问；③ 无线通信——支持 WiFi、蓝牙等功能，可与手持设备通信；④ 数据仓库——可建立阅览室利用信息的数据仓库，实现基本信息查询、资源利用和服务情况统计，能够挖掘有用数据，分

图 4　文化 e 管家

析用户信息需求特点。"文化e管家"设备可以实现基层电子阅览室的快速部署,解决健康上网安全可控等问题,满足新网络环境下多终端形态服务的需求。

(3) 新形态——多终端、立体式网络服务

东莞新型公共电子阅览室通过有线网络和无线网络的集成以及纸质媒体、固定终端和移动手持终端的集成,构建了一个多终端、立体式的数字文化空间。见图5。它打破了单一数字服务的模式,将传统阅览与数字阅览结合,既有传统纸质图书书架,又有台式电脑、一体式电脑、平板电脑(iPad)、电视、投影等多样化的数字阅读终端,并提供WiFi无线上网,除了阅览室内配备的时尚轻巧的平板电脑供用户阅读电子书、收看视频讲座、试玩益智游戏外,人们还可以使用自带的笔记本电脑或手机上网冲浪。

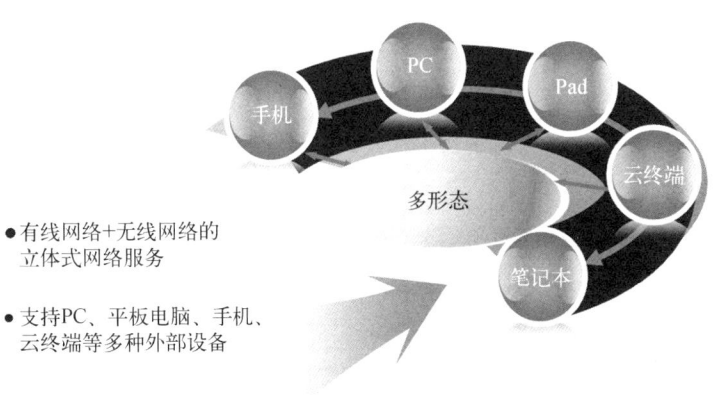

图5　多终端立体式网络服务

（4）新管理——体系化建设、云服务管理

依托发展较好的东莞图书馆总分馆体系，东莞在市图书馆建立了市域公共电子阅览室的云服务管理中心，实现对各基层公共电子阅览室的统一管理、统一监控、统一服务、统一技术支持。云服务管理中心包括中心监控平台、中心管理平台、数据分析平台和资源推送平台。其中：监控平台能够监控到各公共电子阅览室服务点的使用情况，包括用户登录情况、资源访问情况、浏览统计、在线时长、访问人员年龄分析、地域分析等信息，中心的电视墙还可显示基层公共电子阅览室的服务现场；管理平台统一设置网络访问白名单黑名单和自动过滤关键词，保障各网点绿色安全上网；数据分析平台可采集各个电子阅览室数量、登记人数、访问流量等数据，对数据进行分析后再进行数据挖掘，并以图形显示用户的利用规律；资源推送平台可将共享工程、图书馆授权资源及网络资源进行整合，形成资源导航、集成资源检索、用户身份认证、信息推送等功能，由中心统一发布新闻专题，向各个电子阅览室进行实时热点专题推送。见图6。

东莞将以镇、村新型公共电子阅览室示范点为样本，逐步建立起覆盖全市镇、村的公益数字文化服务的"连锁店"；同时将进一步从整个文化系统层面整合与完善数字文化资源，制订和细化服务规范指标，在探索新的运营机制等方面做出更多的努力。

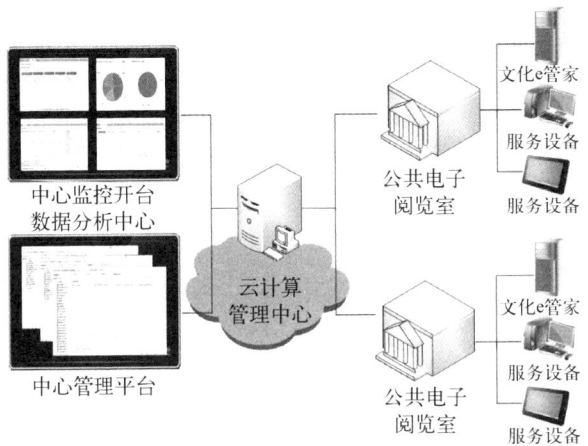

图6 云服务管理中心

参考文献

[1] 东莞市统计局. 东莞市2010年第六次全国人口普查主要数据公报[EB/OL]. [2011-05-23]. http://tjj.dg.gov.cn/website/web2/art_view.jsp? articleId=4012.

[2] 东莞市电子政务办公室. 投资环境[EB/OL]. [2011-05-23]. http://www1.dg.gov.cn/publicfiles/business/htmlfiles/cndg/index.htm.

浅析文化创新项目的辐射性效应*

国家文化部创新奖的评选对我国文化领域的创新工作具有极大的推动作用,文化创新项目对文化事业的建设与发展具有导向和示范作用。我们将这种导向和示范作用的范围、强弱、多寡、优劣等成效结果作为文化创新项目的辐射性效应,研究创新项目的辐射性效应,发现其问题,分析其规律,探讨其未来发展,进而使创新项目得到更加广泛的推广应用,实现创新项目社会价值的复制倍增和多向延伸,更好地指导和促进文化事业的发展。

东莞图书馆"区域图书馆集群管理与协同发展模式"获得文化部第二届创新奖后,我们不断对项目进行深化和完善,提高管理水平,加强推广应用,进一步推动创新活动向纵深方向发展。从 2006 年 12 月获创新奖起至 2007 年 10 月止,东莞图书馆分馆由 2006 年的 26 个发展到 36 个,总分馆体系覆盖全市 32 个镇区;全国直接接受并选用 Interlib 集群系统的图书馆用户新增 261 家,由 256 家上升到 517 家,仅 10 个月就翻了 1 倍,辐射效应非常明显。本文即以此项目为案例,具体分析介绍其辐射性效应。

---

* 撰稿于 2007 年底。

1. 案例简介

"区域图书馆集群管理与协同发展模式"是东莞图书馆为适应网络化信息时代特点和基层社会文化需求探索出的一条基层图书馆事业管理方式和区域图书馆集群整体发展道路。该模式立足于区域图书馆协同发展理念,首次提出图书馆集群管理概念,突破单纯的文献资源局限,确立信息资源、设备资源、人力资源等多资源共享思想;通过研发新一代图书馆集群网络管理平台Interlib,将东莞地区图书馆的自动化管理、图书文献的馆际物流传递、信息资源的数字化传播、读者服务的网络化应用等高度整合,解决了图书馆资源共享和协同发展的瓶颈问题;实现了区域图书馆群整体上的资源整合和业务整合,完善了网络环境下的总分馆管理体制,初步建成公益、开放、丰富、便捷的图书馆公共服务体系。

该模式的实施明显有效地带动了东莞地区图书馆事业整体发展。资源的全面整合和业务的统一管理使得总馆能够充分发挥资源、技术和人员的优势对成员馆进行业务管理和指导,通过政府主导下的高标准、高要求进行分馆建设,从信息资源数量、业务水平、服务能力、规范化管理等各方面促进了本地区基层图书馆的发展,使城市中心图书馆丰富的资源辐射到镇村的基层民众,实现城市帮助农村、中心带动基层的城乡图书馆服务体系协同发展;同时,在业务上减少了业务部门的重复设置、文献资源的重复购买和文献加工的重复劳动等重复建设和资金浪费问题,使基层馆的工作重心转移到读者服务和读者活动中去,充分发挥了区域集群的整体优势,实现了市镇读者服务与文化活动的上下联动,各种展览、讲座、读书活动的传播范围更广、影响更大。2003年市馆及各镇区图书馆共接待读者80万人次,实施后总分馆读者量逐年猛增。2004年接待读者总量增加为98万人次,至2005年,仅集群内总分馆接待读者就达136万人次,2006年达到257万;总分馆持证读者也由实施集群管理以前的3万余人增加到现在的9.8万人。采用该模式,其经济整合效益显著,可节省大量的事业投入。基层图书馆事业发展最缺的是经费。采用区域图书馆集群管理模式及配套的Interlib集群管理系统后,各成员馆通过互联网登录总馆的服务器即可完成全部业务工作,无须配置高档服务器及操作系统,无须单独购买自动化业务管理软件及数据库资源,无须配备专业的计算机技术人员;集群内各图书馆将在实现整体业务的现代化管理的同时,在硬件、软件、资源、人员、日常维护等方面节省大量的资金。东莞的实践证明,基层图书馆要达到相同的发展水平,集群管理模式与单馆发展模式相比,经费可减少2/3到4/5。从社会经济效益分析来看,该项目对我国基层图书馆事业的区域性整体发展具有普遍适用性。

2. 获奖后的辐射效应

(1) 模式更为完善和成熟

项目的获奖肯定了东莞图书馆事业发展的思路和方向,坚定了我们不断创新的信心和力量。为充分发挥项目的示范带动作用,我们进一步充实完善集群管理与协同发展模式,增加功能,提高管理，扩大应用范围： 一是在技术上，增加分中心图书馆，实现技术架构的三级支持，调动和发挥中心镇区图书馆的积极性和辐射能力（虎门、长安）；二是在管理上，总分馆馆长管理例会每年2次，实行岗位培训合格上岗制度，加强业务人员培训；三是在体制上，探索图书馆事业管理机制的变革，加大中心图书馆与镇区分馆的关联度，试行由市图书馆委派业务骨干到分馆担任管理人员，逐步实现行业垂直管理；四是在服务上，各馆文献资源经过整合后以全流通的方式实现了通借通还，中心馆的资源通过图书流动车的定期调拨辐射到资源贫乏的基层图书馆，基层读者尝到甜头后开始定期预约中心馆的图书，这种强烈的辐射作用很快使东莞图书馆的服务覆盖东莞市32个镇区，从而建立起全市范围内更加完整的公共文化服务体系。

（2）行业拓展更为广阔

创新项目在全国范围内的辐射效应也非常明显。东莞图书馆获得文化部创新奖后，全国各地前来参观考察的图书馆界专业人士更趋热烈。在强烈的示范效应下，Interlib集群管理系统开始为越来越多的地区和图书馆采用，并且从公共图书馆系统向高校、中小学、研究院所和企业等行业扩散。初步统计，获奖后10个月间，选用Interlib集群系统的用户翻了一番，用户总数达517家。创新奖的辐射效应十分明显！这些用户既有大中型的省级图书馆，如广东省中山图书馆的流动图书馆、黑龙江省图书馆、山东省29个欠发达县图书馆；也有城市级图书馆，如哈尔滨市图书馆、宁波图书馆、丹东市图书馆等，以及市区图书馆，如深圳市宝安区图书馆、沈阳市沈河区图书馆等；有高校图书馆，如武汉理工大学图书馆、上海海事大学图书馆等；有中小学图书馆，如深圳宝安23所中小学图书馆；还有洛阳石油化工公司图书馆、医院图书馆等。

3. 辐射方式及辐射效果分析

文化创新项目的辐射效应是通过项目实验的示范作用体现出来的，对其辐射方式和效果进行分析和总结，对文化创新工作可能提供更多的启迪。就"区域图书馆集群管理与协同发展模式"来看，其辐射方式是多方面的，辐射效果也因各地区条件的不同而不同。

（1）辐射方式

① *理念辐射* 通过媒体的报道，图书馆集群管理理念逐渐被业界接受并获得认可。在接待全国各地同行的参观考察过程中，东莞图书馆对这种全新的整体协同发展理念及其实际效果等进行详细介绍，并多方征询专家学者的意见和建议。另外，东莞图书馆还抓住中国图书馆学会科普与阅读委员会成立、"4·23"世界阅读日、东莞读书节等机会，举办了首届"区域图书馆集群管理与协同发展研讨会"，对集群管理理念开展大范围的理论探讨。通过多种形式的交流沟通和宣传推介，图书馆集群管理理念已经得到了越来越多图书馆人的了解，并一点一滴地通过专家学者和业界同行的介绍逐步撒向全国各地。

② *方法辐射* 先进的理念还需要切实可行的操作方法才能付诸实践。东莞图书馆在区域集群管理探索实践中取得一定的成功

并积累一定的经验后,即组织参与项目的核心业务骨干编写了《城市图书馆集群化管理研究与实践》这本专著,对该项目进行及时的总结分析,全面系统地介绍了实施集群管理的具体操作方法,以供各地图书馆参考。

③ *技术辐射* 区域集群管理理念成功实施的关键是 Interlib 图书馆集群管理系统的研发和稳定运行。该系统在研发过程中抛弃传统的单馆管理模式,着眼于多馆的联合运作,采用 B/S 模式,区分文献所有馆和所在馆;利用互联网和现代通信技术,建立开放式的多馆数据联合中心和统一业务管理平台,克服了现有行政体制障碍对各级图书馆联合服务业务的束缚,实现了多馆业务的全面协作和多资源的有效整合与共享。可以说,图书馆一旦采用该系统,就奠定了实施集群管理的基础。

④ *管理机制辐射* 区域集群管理的核心是总分馆制。总分馆制是发达国家及我国港澳地区经过实践检验证明的成功的区域图书馆管理机制。国内一些图书馆也一直在尝试借鉴这种管理模式;但是因为社会环境和行政体制的不同,在实际运用中大都不得不采取一些变通的办法,结果很难实现完全意义上的总分馆制功效。东莞图书馆以技术突破为基础,搭建了一个能够容纳多馆同台汇演的大舞台,巧妙地绕开了体制的束缚。这种"技术搭台铺路、多馆联手唱戏、资源辐射引力、政府推动实施"的新型总分馆制既吸收了国外和我国港澳地区总分馆制的精髓,又符合我国国情,因此迅速被国内其他地区众多图书馆所接受。

(2)辐射效果

① *完全接受* 完全接受也就是一种复制效应,它是文化创新

项目辐射效果最好的表现,一般在经济发展水平相近的地区得以实现。比如深圳市宝安区政府近几年一直致力于建立和完善区、街道、社区三级图书馆网络,建设图书馆之城;但虽每年投入大量资金,但在业务管理和业务运作上总难以达到理想的效果。2005 年经考察采用该模式后,将全区 8 个街道几十家社区图书馆全部改造成区图书馆真正意义上的分馆,实现了全区图书馆服务网点的统一管理和全区文献资源的共享共用,顺利展开全区图书馆联合服务和通借通还业务。

② 部分采用　部分图书馆因其性质及所处的环境条件与公共图书馆不同而部分采用了该项目的技术方法。比如高校图书馆,虽然各分院、各部系资料室分别收藏了部分专业文献,但因高校校园相对集中,行政与财务管理相对统一,而且都有成熟的校园网,因此总的办馆条件和管理效能要比公共图书馆成熟得多,因而只需吸收技术手段和更换 Interlib 集群管理系统平台,其管理运作效果就在原来的基础上更进一步了。比如武汉理工大学图书馆通过 Interlib 系统完成了全校 24 个图书馆和资料室之间人、财、物、信息、技术的资源整合和管理利用的升级,实现了全校文献信息资源的共享和通借通还。

③ 理念借用　理念借用虽然只是思想观念上的认可或接受,但它是文化创新项目辐射效果中最具潜力和最能体现其长远价值的地方。我们国家幅员广阔,地区差异极大,但通过创新奖的宣传,相当多的地区同行接受和借鉴了当今时代更需要充分利用现代技术和图书馆整体协同发展理念,这是建设区域图书馆公共服务体系的最佳路径;有相当多的地区开始进行图书馆体系整体建设,形成我国公共图书馆的时代热潮。中国图书馆学会在 2007 年

会上专门立题,进行专场介绍。2007年山东省通过考察后决定,结合共享工程的实施为29个欠发达县一次性配置Interlib图书馆集群管理系统。可见,集群管理理念的传播和借用蕴含着重大的社会意义。

4. 创新项目后续发展分析

(1) 创新项目需要不断完善增强辐射能力

创新项目的获奖,只表明暂时获得了一定程度的认可,如果不能通过宣传、推广、应用在更大范围内进一步得到实践的检验,不能发挥导向和示范作用,那么创新项目的生命活力和社会价值将大打折扣;同时,创新项目自身也需要在实践中不断完善和发展,不断适应现实社会环境和图书馆需求的变化,保持和扩大辐射能力。这需要有关部门对创新项目给予持续的关注、跟踪和支持,使其在推广应用过程中不断补充和发展、不断地完善和更新,进而促进我国文化创新体系的建设和文化事业的全面发展。创新项目越完善,它所具有的辐射力越强,对我国文化创新工作的激励作用也越大。

(2) 创新项目需要综合借鉴拓展辐射作用

优秀的文化创新项目更多地体现为文化领域的综合性创新,常常是既有立足于文化特色性的,也有源自管理体制性的,还有依托技术突破性的,等等;因而,在应用推广创新项目时,要多角度、系统性地研究分析创新项目产生的环境、解决的问题、采用的方法、专有的特点等,最好是综合性借鉴学习,以与文化创新特点相结合,使辐射作用更佳更强。

(3) 创新项目需要重点扶持扩大辐射效果

在图书馆发展的历史中,信息技术一直在起着非常重要的作用,是图书馆工作中最重要的生产力因素。在我国现行行政管理体制下进行大范围的创新项目推广应用,借助技术的支持力量将会取得事半功倍的结果。东莞图书馆"区域图书馆集群管理与协同发展模式"的建立,就是技术保证了适合功能需求的开发手段、开发模式和先进的网络架构的实现,为打破地区差异、冲破行政体制束缚、实施区域图书馆事业整体发展创造了有利的条件并奠定了坚实的基础。可以看出,以技术为支撑的文化创新项目往往具有突出的复制效果和明显的效益,是科技增强文化传播能力,扩大服务效益的最佳形式;因而,在创新项目的后续发展中,特别需要根据项目特点和其依托的技术特性,予以重点扶持,在政策导向、人才培养、基地建设等方面加大倾斜,甚至有必要通过政府的提倡,为创新性项目的拓展应用和推广而鸣锣开道。

理论来源于实践,而又服务于实践。文化创新也是从工作实践中不断探索总结而后产生出系统的创新理念和方法,它应该也完全可以通过应用进行检验、完善和推广。我们希望,优秀文化创新项目的辐射性效应能引起更多的关注,通过创新辐射促进图书馆事业的繁荣发展。

东莞图书馆卓越绩效管理探索与实践*

卓越绩效模式(performance excellence model, PEM)是当前国际上广泛认同的一种组织综合绩效管理的有效方法和工具。它最早源自20世纪80年代美国波多里奇国家质量奖的评审标准，核心是以顾客为导向，追求卓越的管理绩效，主要内容包括领导、战略策划、以顾客和市场为中心等7个方面。我国开展卓越绩效模式的研究始于20世纪90年代，但真正引入卓越绩效模式是从2001年全国质量管理奖评审启动开始的。2004年，我国制定和颁布了国家标准GB/T19580-2004《卓越绩效评价准则》(以下简称《准则》)，极大地推动了卓越绩效模式在我国的深入研究和全面实施。2012年，《准则》发布修订版，即GB/T19580-2012《卓越绩效评价准则》，部分条款有所调整。《准则》在充分参照国外质量奖评价标准的同时，结合我国质量管理的实践，从"领导，战略，顾客与市场，资源，过程管理，测量、分析与改进，结果"7个方面规定了对组织卓越绩效的评价要求，并从此成为国家质量奖及各地方各行业质量奖的评审依据。

作为一种先进的质量管理理念和方法，卓越绩效模式有着广

---

* 原载于《图书馆建设》，2013年第7期。

泛的适用范围。美国波多里奇国家质量奖所依据的"卓越绩效准则"适用于"企业、事业单位、医院和学校",而我们的国家标准《准则》也明确指出其适用范围是"追求卓越的各类组织"。改革开放以来,特别是进入21世纪,我国经济发展取得了举世瞩目的成就,为图书馆发展提供了强大的物质基础,图书馆事业也步入了一个繁荣发展的时期。经济作为外在条件,必须与图书馆内在的管理机制相得益彰才能真正催生发展的动力,因此,图书馆引入卓越绩效模式既是一种需要,一种选择,也是一种可能。一直以来,东莞图书馆致力于探索科学的管理理念和方法,不断完善管理手段,走技术创新之路,先后获得文化部创新奖和国际创新奖。东莞图书馆也较早关注到卓越绩效模式,其以顾客为中心的导向不仅与现代图书馆服务理念不谋而合,重视流程管理,关注绩效结果的评价标准和工具方法,更能让图书馆找到管理短板,获得新的提升空间。特别是图书馆作为公共文化服务体系的重要组成部分,服务质量和绩效输出是衡量区域公共文化服务体系水平的重要指标,而图书馆实施卓越绩效管理,倡导优质服务,能为整个公共文化服务体系起到带动作用。经过深入学习和研究,东莞图书馆大胆导入卓越绩效模式,先后设立卓越绩效管理推进办公室和卓越绩效核心小组,全面实施卓越绩效管理,各项业务工作逐步得到提高和改进,服务质量和服务效果也不断提升。2012年,东莞市第三届政府质量奖开始将评审对象从最初的工业企业和服务性企业拓展到公共服务组织。东莞图书馆积极申报第三届东莞市政府质量奖,并认真准备,最终以优异成绩获奖,成为东莞市首家获奖的公共服务类组织,也成为国内首个获得政府质量奖的公共图书馆。

卓越绩效模式之于公共图书馆，是一个新生事物，然而它引导组织不断追求卓越的理念，所提供的一整套"卓越经营模式"，对目前正处在快速发展时期的公共图书馆来说，无疑是值得学习和实践的。特别是它作为一种"科学的改进工具"和"系统的评价方法"，极大地弥补了以往图书馆绩效改进与绩效评价手段和方法的不足，为各级各类图书馆改善服务质量、提高服务绩效提供了新的思路和有益的借鉴。质量就是效益，也是核心竞争力。希望由此业界有更多人关注卓越绩效模式，并积极行动起来，为全面提升图书馆整体效益而努力。

图书馆卓越绩效管理的驱动：领导力与战略管理*

1. 卓越绩效管理的驱动模型

在卓越绩效模式中——领导，战略，顾客与市场，资源，过程管理，测量、分析与改进，结果——7个部分相互关联，形成从过程走向结果，通过结果分析持续改进过程的 PDCA（P: plan，计划；D: do，实施/运行；C: check，检查/评价；A: action，处置/改进）循环。见图1。

在这个框架图中，"领导""战略""顾客与市场"三部分构成了"领导作用"的驱动三角，带领由"资源""过程管理""结果"所组成的从动三角，并以测量分析和改进为链条转动着改进和创新的 PDCA 之轮。在驱动三角中，"领导"是第一驱动，发挥把握全局和方向的关键作用；"战略"明确了组织发展的目标、内容和节奏；而"顾客与市场"的需求是组织的领导决策与战略制定的基础：因此，从管理是以人为中心的协调活动的角度，领导与战略构成了卓越绩效管理在主观层面和组织内部的核心驱动环节。

---

* 原载于《图书馆建设》，2013年第7期，李东来等著。

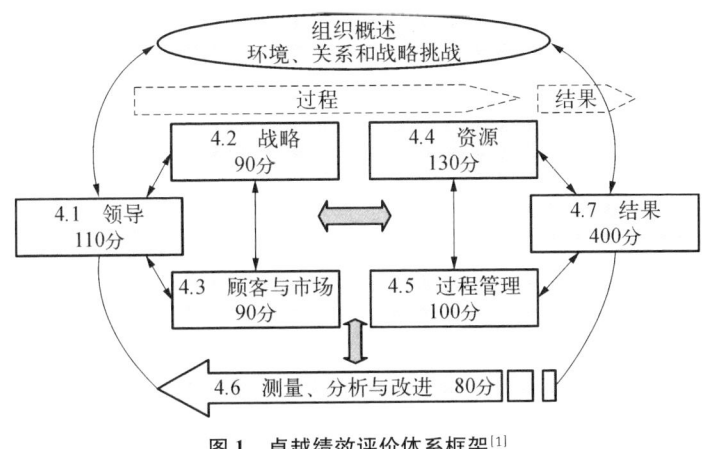

图1 卓越绩效评价体系框架[1]

对图书馆管理而言,领导和战略同样是图书馆创新与转型发展的关键驱动要素。本文基于卓越绩效模式,结合东莞图书馆(以下简称"我馆")实施卓越绩效管理的实践,对图书馆领导力建设及战略管理进行探讨。

2. 图书馆领导力建设

(1) 图书馆领导力的内涵及建设目标

领导力是一个组织成功的关键。面向卓越的领导不仅要求高层领导团队,能够带领组织不断取得发展,取得更高的绩效,使之成为卓越的组织,同时要求对高层领导体系自身的评价和改进。优秀的馆领导需要在业务、管理和责任精神方面不断提升自我。图书馆领导力是以图书馆馆长为核心的高层领导团队,在带领整个图书馆向着共同的愿景目标不断向前发展的过程中所体现的规划力、决策力和影响力。

① **规划力** 远见卓识的领导是卓越绩效管理的核心价值观之一，前瞻性是规划力建设主要目标。规划力要求高层领导在图书情报及相关专业领域拥有广阔的视野和战略性思维，能够敏锐地捕捉和发现对图书馆未来发展起重要作用的信息，形成组织战略规划的要点；能够对图书馆未来一定时期内发展的整体性、基本性问题（如图书馆的定位、资源建设、人才发展等）给出指导性意见和思路，为图书馆的未来发展树立方向、目标。

② **决策力** 决策是对可选方案进行分析、判断和选择的过程。管理学大师赫伯特·西蒙提出"决策是管理的心脏；管理就是决策"[2]。决策力考量的是决策的正确性，判断依据是决策方案实施的效果，即有效性。卓越绩效要求高层领导顶级评审组织绩效，根据绩效评审结果确定改进关键业务的优先次序。在以人为本为理念的图书馆事业发展中，领导决策有效性最终要通过读者满意度、员工满意度的指标及社会反响来评价，作为领导者应始终关注这些指标和评价，谨慎做出决策。

③ **影响力** 其也可以称作是感召力或无形的领导力；是领导力的本质，也是领导力追求的最高目标。卓越绩效要求领导者以自己的道德行为、领导力、进取精神发挥表率作用[3]。相对企业，图书馆没有经营利润和灵活的薪酬分配制度的激励，要充分发挥组织成员作用，开展创新性工作，领导者的影响力显得尤为重要。这种无形的领导力需要图书馆高层领导在专业、能力、个性风格、价值取向等方面有意识的自我经营管理，信服和凝聚人才，激发人才的自发自主和创造性。

（2）图书馆领导职能承担

图书馆高层领导对组织运营的作用主要体现在文化、管理和社会上，其实施的管理职能可以概括为组织文化体系建设、管理机制建设和社会责任承担3个方面。

① 组织文化体系的建立与沟通

组织文化是组织发展过程中所形成的价值观念、行为准则等意识形态和物质形态的总和[4]。卓越绩效中高层领导的作用首先强调的就是确立组织价值观和发展方向目标，营造创新、学习和快速反应的组织氛围和环境。图书馆高层领导应能明确图书馆的使命、愿景、核心价值观、办馆理念、方针等，并通过不同场合和途径向员工、读者、资源供应商、服务供应商、同行等相关方传达和沟通，以增进员工和相关方对组织的了解，内化形成统一的认识。

我馆高层领导以新馆建设为契机，面对新世纪社会环境、信息技术、公众需求的急剧变化，主动由传统服务向现代服务转型，把握行业发展趋势和东莞经济社会要求，确定了组织使命和愿景，凝练形成"学习成长、智慧奉献、业务创新、服务惠民"的核心价值观，确立了"开放办馆、人才兴馆、技术立馆"的办馆思路和"和谐、高效、认真、愉快"的组织文化八字方针。我馆对组织文化体系内容进行宣贯泛化、制度固化和文本深化，即通过组织召开或参加各种会议、举办展览等读者活动、编发简报、宣传册及网站、媒体等途径方式广泛传播图书馆文化；在内部规章制度和文件中规定组织文化的内容，使其明确成为组织的行动纲领；通过征文、撰文写稿和写书等方式收集馆员和用户对组织文化的意见建议，引发深层次思考，从而促使组织文化的真正内化，成为上下一致的目标指南。见图2。

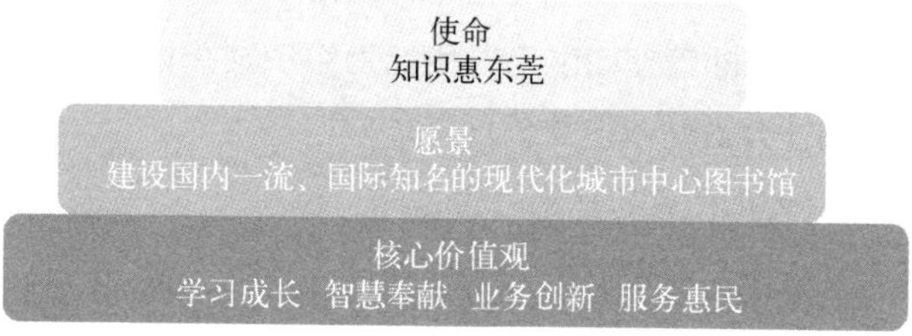

使命
知识惠东莞

愿景
建设国内一流，国际知名的现代化城市中心图书馆

核心价值观
学习成长　智慧奉献　业务创新　服务惠民

图2　东莞图书馆的使命、愿景、核心价值观

② 组织管理机制的建立与实施

卓越绩效强调领导对组织行为的管理责任。一方面，建立和完善组织管理机制是领导者保障图书馆有效运行的首要任务。管理是以人为中心的协调活动，人的管理核心是权利和责任的分配与落实，因此与之有关的组织机构设置、业务职责规定以及保障业务职责落实的监督、评审和改进制度都是组织管理机制建设的内容。另一方面，组织有效运行有常态运行和创新发展两种状态，致力于卓越的图书馆领导应具有创新发展的追求和眼光，能够在保证组织正常运转的基础上创新性地借鉴和引入一些先进的管理理念和做法，突破组织常规架构的局限，从而最大限度地开发利用人力资源，为组织的创新发展发挥更大的作用。

我馆在常规的部室设置基础上成立由馆内高层领导牵头，核心部门主任及业务骨干参与的战略规划小组、政府采购小组、绩效评价小组、卓越绩效管理小组及馆外咨询专家组，共同对图书馆运行管理中的重要问题进行规划、审核、决策和推进；在馆长负责制、分管馆长负责制、部门基准制、岗位责任制基础上实施职能部室承担制和首问责任制，引入项目管理理念，实施项目负责制，从个人、团队、部门等多个层面部署和落实岗位与部门责任，调动员工工作和创造的积极性；并通过定期召开馆长办公室会议（每周）、中层干部会议（季度）、部门绩效分析会（每月）、全馆总结表彰会议（每年），以及每周的值班馆长制度和考核小组检查制度，来跟进和评审组织管理的落实情况，提出问题和分析问题，对组织目标制订、过程落实、绩效实现起到了重要的作用。见图3。

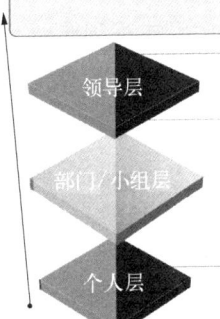

图3　东莞图书馆管理责任落实制度

③ 社会责任的承担

图书馆的社会责任是图书馆职责之外所具有的责任[5]，包括图书馆在安全、卫生、环保、节能减排等方面的公共责任、诚信守法经营及公益慈善。卓越绩效要求图书馆高层领导始终将社会责任作为组织管理的重要内容积极应对、倡导和落实，还要能身体力行，带头执行和承担社会责任。我馆不仅采取一系列措施积极履行公共责任，参与社会捐赠，还努力发挥自身业务特长，主动为医院、监狱、部队、敬老院、儿童福利院等机构的特殊群体提供阅读服务，援建山区图书室，参与映秀地区震后文化重建，等等。

3. 图书馆战略管理

（1）卓越绩效模式下图书馆战略管理的特征要求

战略管理是指对一个企业或组织在一定时期的全局的长远的发展方向、目标、任务和政策以及资源调配做出的决策和管理艺术。通过调查可以发现，国内图书馆在战略规划方面较为缺乏，管理中心大多局限于内部的、常规的和短期的目标和事务，大大落后于经营性企业的战略管理，也落后于国外图书馆同行。具有清晰的战略规划的图书馆很少，更毋论与战略规划制订和实施有关的一系列管理工作，是图书馆管理中明显的短板，需要我们在实践中重点弥补和加强。基于卓越绩效的战略管理与我们传统认为的战略就是规划，就是制订一个方案的看法不同，它关注的是战略从形成到任务分解落实和调整改进的全过程，重点是这一过程是如何做的，而不仅仅只要求形成方案这样一个阶段性的结果。具体来说，卓越绩效模式中组织的战略管理除了具有前瞻性外，还应具备科学性、系统性、有效性的特征要求。

① 前瞻性　关注未来也是卓越绩效的核心价值观之一。战略规划的实质就是对未来潜在的机会和威胁进行系统的辨析，并结合自身的优势和劣势为组织更好地制订当前的决策提供基础，从而使组织能在将来抓住机会。图书馆不能只满足于眼前的水平，

还要有战略性思维，关注组织未来持续稳定发展，让读者、员工等图书馆利益相关方对图书馆建立长期的信心[6]。

② *科学性* 科学性要求规划的制订不是拍脑袋拿主意，不是一言堂，而是要经过科学分析，多方参与和团队共同决策。战略分析包括图书馆外部环境分析和内部能力分析。科学的分析一是基于数据、事实信息的收集分析，一是尽可能多地利用一些经过反复验证有效的分析方法和模型——如 PEST 分析、SWOT 分析、关键成功因素 KSF 分析等——进行内容分析。战略的科学制定则是多方共同努力的结果，特别是图书馆总体发展战略的制定，重要的职能部门必须参与其中，同时要尽可能借助专家的力量（一是图书馆专家，一是战略管理方面的专家）。若经费允许，图书馆也可以考虑聘用第三方专业的战略管理咨询机构辅导制定和实施组织发展战略，许多企业正是这么做的。

③ *系统性* 系统性体现在图书馆发展战略、绩效目标与图书馆的使命、愿景目标、核心价值观的一致性以及长期战略与短期战略的协调性和契合度上。一方面，战略任务和绩效目标是组织核心价值观的具体化和指标化，即战略的制定不能与组织文化相脱节，而应是互相加强；另一方面，短期战略依据长期战略制定，是长期目标的分解细化。

④ *有效性* 有效性关注的是战略实施的结果，它集中体现为组织关键绩效指标的完成度。一方面首先必须明确组织的关键绩效指标，这是一项复杂系统的工程，也有不同的方法；另一方面完成度是一个对比数据，既要在以往基础上有一定的增进（有些指标的完成体现的是下降的趋势），还必须要同行业标杆进行对比，设定和选择恰当的增长目标和同类标杆。

（2）图书馆战略规划的主要内容

按照卓越绩效管理的要求，针对图书馆的业务特点和工作重心，图书馆的战略规划至少应包括以下几方面内容：

① **事业发展总体规划**　这也是图书馆的长期规划。它明确的是图书馆今后一段时期内的发展方向、总体目标、具体目标任务（包括图书馆业务、管理、人员等各方面的目标任务）和实施步骤，是图书馆最重要的行动纲领。在普遍均等惠及全民的理念影响下，城市图书馆事业发展总体规划应注重在公共服务体系建设方面的规划设计，而不仅仅是单馆的发展规划。

② **人力资源发展规划**　馆员是图书馆管理创新和卓越发展最重要的资源和保障，也是图书馆内部管理的核心。发展卓越绩效11个核心价值观中有2个（组织和个人的学习、重视员工和合作伙伴）均与员工有关。卓越绩效评价准则也明确指出组织战略的制定要充分分析组织在人力资源等方面的优势和劣势，战略的展开必须包括单独的人力资源计划。图书馆的人事部门及主管应能对本馆人力资源的现状与目标、员工学习与培训计划、员工考核与激励制度等内容进行详细的分析和规划。

③ **馆藏发展规划**　国际图联对图书馆的社会职能概括首先就是保存人类文化遗产。馆藏资源是图书馆的立身之本，也是图书馆众多服务（如阅读指导、专题信息编辑、参考咨询等）开展的源头和起点，应该有独立的馆藏发展规划。馆藏发展规划通常由图书馆的采访部门承担。馆藏发展规划应能与时俱进确立图书馆的馆藏发展定位（是纸本与数字并重的复合馆藏，还是从纸本逐步过渡到以数字资源为重点的数字馆藏），同时应明确馆藏发展

的数量与质量目标、采购或工作重点等内容。

④ **读者发展规划** 读者或用户是图书馆服务的对象，而服务是图书馆存在的价值所在。与企业一样，没有了客户，没有了读者，图书馆就不复存在。现在一些国外图书馆——如加拿大多伦多公共图书馆为强化这种认识已经将传统的读者和用户的称呼直接改为客户（customer）。如何紧跟社会发展和读者需求变化，采取与之适应的读者发展与服务方案，图书馆的读者服务统筹部门应承担起这样的规划职能。除了对读者群体及服务的细分、重点读者及服务的明确、读者发展的目标量的设定外，面向卓越的读者发展规划应对新环境下的读者关系管理进行相应的设计和工作开展，着力于读者满意度的提升。

此外，卓越绩效中强调的财务资源的规划对于图书馆也是必需的。对事业单位而言，如何有效地争取政府财政支持，合理合法高效地使用财政资金，财务管理部门应进行详细的规划和说明。

（3）我馆战略规划的制定与部署

① **战略制定**

我馆的战略制定经历了一个从馆领导制定—职能部室统筹管理—各部门参与—战略小组团队决策的不断发展的过程。我馆的发展战略制定始于2002年新馆建设项目立项，馆领导根据行业发展和东莞城市基础制定了《东莞市图书馆新馆建设与发展规划纲要（2002—2010）》；与战略规划配套，2003年，东莞图书馆成立了新馆规划办公室，负责新馆规划统筹；2005年，新馆开放，新馆规划办公室调整为业务部，战略规划统筹职能落实到办公室；

2010年,为适应图书馆发展的需要,东莞图书馆成立了战略规划小组作为制定战略的决策机构。

2010年底,综合馆内各部门业务分析和发展规划,结合图书馆使命与愿景、内部管理、图书馆科研、创新技术水平等要素,充分了解图书馆发展历史及当前现状,在运用PEST、KSF等工具对图书馆外部宏观环境、内部资源能力、可持续发展及行业关键因素分析基础上,通过SWOT矩阵分析,我馆明确了组织所具有的优势、劣势,面临的机会和挑战,制定了《东莞图书馆"十二五"发展规划》,确定了"十二五"期间的总体战略目标,并将长期计划区间调整为5年,与国家和地方5年规划的时间周期一致。见图4。

图书馆定位	知识信息的集散地、市民终身教育的学校、东莞地方文献的宝库、地区图书馆(室)的中枢、高雅的文化休闲场所
总体战略目标	适应东莞城市转型和市民素质提升的需求,为东莞公共文化服务名称建设助力、领跑,实现国内一流、国际知名的现代化城市中心图书馆的目标
战略路径	建立: 更加便捷、富含人性关怀的多类型读者服务体系; 资源丰富、时尚新颖的全媒体现代信息技术支撑体系; 高校、协调、可持续发展的城市图书馆集群体系; 无时不在、无处不在的现代市民终身学习体系; 以人为本、追求卓越的现代图书馆管理体系

图4 东莞图书馆十二五战略目标、路径

② 战略部署

我馆从战略展开、任务分解、目标监测考核、实施保障4个层面来进行战略规划的部署与落实:东莞图书馆"十二五"发展规划分为"城市中心图书馆建设"与"图书馆之城建设"两部分展开,并按照"基础、设施完善阶段(2011—2012)"和"服务提升、全面发展阶段(2013—2015)"两个阶段规划具体工作目标和任务;按照单位—部门—个人和长期—短期进行目标任务的逐层分解;按照平衡计分法从财务、内部运营、用户服务、学习与成长4个维度确立图书馆的关键绩效指标。我馆设定新加坡国家图书馆、佛山市图书馆等作为标杆和同行对比目标,通过月度—季度—半年—年度工作考核分析会跟进组织绩效完成情况,通过高层—部门—团队—个人不同层面的责任制的实施,完善战略目标任务层层分解落实的管理机制和考核机制。见图5。

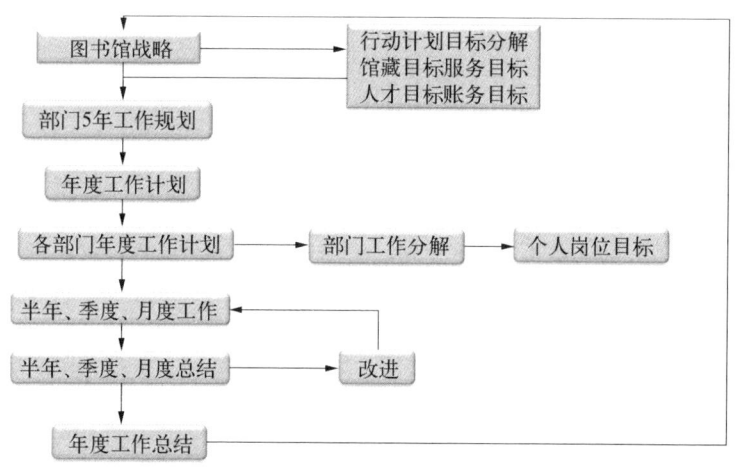

图5 东莞图书馆战略规划制度与目标分解落实

我馆还从人员、政策、资金3个方面,通过职能战略规划、积极争取和全面预算、统筹调配各项资源,保障战略规划的实施。人员方面,按照"外部引进、内部挖潜"的原则制定了《东莞图书馆"十二五"人力资源发展规划》,建立人才招聘、引进和特聘制度，优秀人才选送制度，新员工入职岗位轮换制度等制度和平台及规范化科学化的培训体系，鼓励在职学习教育，发掘员工潜力特长，促进岗位员工的合理流动；政策方面保持与上级政府机关积极有效的沟通，将图书馆事业纳入东莞公共文化服务体系建设总体规划，争取政策直接支持。"十二五"期间，我馆制订的人均藏书计划、公共电子阅览室建设、东莞学习中心建设、自助图书馆镇街全覆盖工程均成功纳入东莞市文化名城建设和市政府十件实事等文件中，给项目实施经费和推进力度给予了强有力的政策保障；经费方面，制订了《东莞图书馆"十二五"财务工作规划》，在常规预算基础上，有侧重分阶段地申请重点项目经费，严格财务管理制度，确保项目支出的完整性和严谨性，提高预算执行效率。

③ 战略调整

图书馆战略并非一成不变，需要根据既往战略实施情况、当前内外环境发展现状及未来预期做出一定的动态调整。这种调整通常在长短期战略临近结束时进行，由馆办公室对上一阶段全馆规划各部门实施情况及下阶段计划进行汇总分析，提交战略规划小组审议提出下阶段规划的调整意见。东莞图书馆"十二五"发展规划将战略从上一阶段的重视网点设施建设转向重视服务效益和服务水平的提升；同时，我馆实施"主题年战略"，每年调整确定工作重点。此外，图书馆还应根据社会环境变化，把握行业发展脉动，不拘泥于规划周期限制，及时调整发展战略，占住先机。2011年，东莞图书馆提出图书馆从文献信息中心向学习中心转型，建设东莞学习中心的业务战略，以更好地适应数字城市和学习型城市建设的需要。见表1。

表1 东莞图书馆主题年战略

年份	2003	2004	2005	2006	2007
主题	培训年	基础建设年	服务年	活动年	管理年
年份	2008	2009	2010	2011	2012
主题	研究年	微笑年	故事年	交流年	效益年

4. 结 语

图书馆领导力建设是高层领导在组织文化建立沟通和管理机制，建立实施和社会责任承担等管理职能实现方面规划力、决策力与影响力的发挥和提高；战略管理是图书馆高层领导牵头，职能小组制订，部门组织参与，全面分解全员落实图书馆的发展目标和任务的管理过程及实施过程。卓越是一条充满希望又永无止境的道路，领导与战略是图书馆面向未来、不断创新发展，实现卓越的重要驱动力。我馆积极导入卓越绩效模式，推行和实施卓越绩效管理，在领导和战略领域进行了一定的探索，取得了一些经验，希望能对同行有一定的借鉴意义，共同推动图书馆事业的不断完善和发展。于我馆而言，"十二五"发展的征程已经出发，目标尚未完成，我们仍要努力求索，在实践中凝结智慧，积累经验，与同行分享。

参考文献

[1] GB/Z 19579-2004 卓越绩效评价准则实施指南[S]. 北京:中国标准

出版社,2005.
[2] 柯 平.我们需要什么样的图书馆馆长[J].国家图书馆学刊,2011(1):6-11.
[3] 中国质量协会,卓越国际质量研究中心.卓越绩效评价准则实务[M].北京:中国标准出版社,2011.
[4] 百度百科.企业文化体系[EB/OL].[2013-04-07]. http://baike.baidu.com/view/3596711.htm.
[5] 黄 欣.公共图书馆社会责任研究综述[J].图书馆杂志,2012(4):7-10.
[6] 赵益民.图书馆战略规划流程研究[M].北京:国家图书馆出版社,2011.

访谈：以科技提升图书馆服务能力*

1. 技术是最有效的手段

《出版人·图书馆与阅读》：东莞一直致力于打造相对完善的公共文化服务体系，其中城市图书馆集群化管理已经形成了独有的经验和模式。那么，东莞最初建设图书馆服务体系具体思路是什么？

李东来：在当时，我们都意识到图书馆体系化建设的趋势毋庸置疑，但是具体做法当时还不明确。由于体制的障碍，我国图书馆并不能直接照搬国际上通用的总分馆制。一些先行城市图书馆在体系化建设方面所做的尝试主要是从管理层面切入，但同时也会面临诸多问题，包括建设成本和技术管理瓶颈等。当然，体系化建设需要制度层面和管理层面的保障，但从我个人看来，体系化建设实质上是有不同层级的需求。它应该包括两个方面内容："体"是网点建设；"系"是网点间的相互联系。推进图书馆公共服务体系建设，仅有"体"是不够的，关键要有"系"，而

---

* 原载于《出版人·图书馆与阅读》，2011 年第 8、9 期合刊，有删节。

"体"之间的相互联系程度如何,就是体系建设最为关键的问题。这种联系怎么去加强?短板就在于技术瓶颈。如果突破了技术瓶颈可能会取得事半功倍的效果。应该说新的网络环境和技术环境为我们提供了加强紧密联系的现实可能。

《出版人·图书馆与阅读》:您这么强调技术的力量,那您是技术派吗?

李东来: 我不是技术派;但从目前的客观现实来看,技术是解决现有问题最有效的手段。在文化领域,包括图书馆对技术的利用太弱了。正因为如此,我们对技术多加重视,效果就非常明显。比如图书馆集群系统通过技术力量实现规模效应,与建设一个个单独的图书馆相比,经费要减少 2/3 到 4/5,而且这还不包含集群系统带来的图书馆功能的拓展。此外,在空间覆盖、功能拓展、人力节省方面,科技发挥的效益也是非常显著的。在当今社会,多数的社会需求都是通过科技来满足的,图书馆要更好地满足城市发展和读者的现实需求,必然绕不开科技的应用。

这方面,我们进行了一系列的尝试。比如自助图书馆。我们自 2005 年开馆起就有自助图书馆,实现了 24 小时服务。当时我们是受到了香港图书馆自助服务的启发。但是,拿出独立空间来做独立图书馆,它和业务系统的联动、磁条监控、门禁的联动这些在自助借还机上的增值开发和整合开发都是由我们提出的,取得了很好的效果。

2. 将管理内化到软件系统

《出版人·图书馆与阅读》:你们所做的尝试相对其他城市的

图书馆体系化建设而言,有哪些特点?

李东来: 主要是对现代社会新生因素和新生力量的重视或者说是对信息技术的重视。我们较早把握"信息化具有很强的渗透力"这个特点,以比较现实可行的做法满足了社会的要求。

东莞在图书馆体系化建设方面的成果之一就是"Interlib图书馆集群网络管理平台"的研发。图书馆体系化建设的实践和推广,除管理体制外还有一个因素起着决定性的作用,那就是集群化管理的技术平台。如果不具备共同的开放式集群管理平台,要实现资源的全面整合和共享、通借通还、业务统一管理,恐怕只是空中楼阁;因此,我们与专业公司合作开发了集群管理平台,从而赋予这套系统独特的价值和生命力。Interlib集群管理平台自2005年通过文化部鉴定后的6年时间内,在全国图书馆的不同规模区域和不同系统的应用数量已达2000多家,它的广泛应用也证明了这种价值。

集群管理平台最基层是硬件网络设施环境,再往上一个层面是应用软件,最高层面是图书馆总分馆管理机制。应用软件可以体现集群管理具体的设计思想,软件系统的模式化和易操作性容易被其他图书馆群或图书馆所选用,进而促进和带动了新理念的传播;因此,我认为图书馆集群管理的理念和模式是可以内化到软件系统中的。这种借助软件系统传播和辐射新的理念的形式是网络时代的一种突出特征和有效方法,更是以信息处理为基础的图书馆事业发展的优选路径,由此形成的传播机制更具有重大的理论价值和实践意义。可以说,我们抓的是底层的基础性的东西,是对上层的整体支持。事实证明,东莞图书馆走的路虽然不能说是捷径,但起码是成效明显的。

3. "文化"是"人"的文化

《出版人·图书馆与阅读》：东莞从"文化新城"到"文化名城"的建设体现了什么样的文化追求？

李东来：从"文化新城"到"文化名城"，这不仅是发展阶段的变化，也有发展层次和发展内涵的变化。10年"文化新城"建设，东莞取得了文化大发展，通过图书馆之城、博物馆之城、广场文化之城"文化三城"建设，扎扎实实地为老百姓带来了越来越好的文化氛围和公共文化服务。"文化名城"的意义，不仅仅是整体提升东莞的文化底蕴和影响力，更应该塑城市之魂，让城市有神。

我想，"文化"是"人"的文化。东莞经济发展最开始基本是在物的层面追求，到提出建设"文化新城"开始追求精神层面的发展。东莞城市文化建设的核心目标就是以为人服务、提高人的素养为主。在文化新城建设阶段，东莞图书馆获得了良好的发展机遇，通过图书馆之城建设，全市图书馆事业的发展也产生了质的飞跃。在"文化新城"的基础上，如何能提高图书馆的文化效能，提高图书馆体系的服务能力，达到"文化名城"对图书馆的服务要求，这是我们要思考和探索的。但不管怎样，我们的服务宗旨一直非常明确，就是以人为中心，满足人的精神需求和文化需求。

《出版人·图书馆与阅读》：东莞建设文化新城、文化名城投入大规模资金，基础设施建设逐步完善，但是有不少人担心，这最终仍将演变成政府的形象工程，让城市文化建设成为"样板戏",您怎么看待这一问题?

李东来:这个问题很尖锐,也值得深思。但是就我个人理解,这儿所谓的"样板戏"没什么不好,一定程度上是文化精品。文化建设恰恰需要精品,需要典范;但是只有"样板戏"是不好的,只允许"样板戏"的存在更是不对的,这才是问题的关键所在。"样板戏"的存在是在特定时代、特定环境的特殊存在,在这个文化丰富发展的时代是不会只有"样板戏"的。适应社会发展,满足民众需要,在不同的发展阶段及时调整发展目标,做个有为政府,难道不好吗?改革开放30年,东莞勇立经济潮头;新世纪东莞重视以人为基础的文化发展,调整转型,希望再立文化潮头,难道不对吗?我想,起码对于新图书馆建设,每年200多万到图书馆来的读者已经作出了他们的选择和证明。

工 作 漫 谈

在信息丰饶繁茂的今日社会，加强阅读交流，提倡思想沟通，凝聚社会共识，变得尤为重要。社会的沟通应该建立在阅读、学习的厚重基址上。

今日中国，更需要图书馆行业与社会的互认、互动、互助；图书馆的未来发展在于社会化，在于社会的普遍认知，在于图书馆行业的专业化知识服务。

就职演说*

大家好！首先感谢上级领导的信任，聘任我为升格后的东莞图书馆馆长；感谢同志们的支持，使我能和你们一起继续为东莞图书馆的明天而奋斗。

我是2002年9月来到东莞，被聘任为东莞市图书馆馆长的，算来正好3年。3年来，切实感受到东莞城市发展的活力与魅力，城市日新月异，带给人们美好的希望。东莞良好的创业氛围、事业平台、工作环境，使个人的潜能得到更多的释放，可以更好地充实人生，丰富人生，实现人生的社会价值。个人3年来的工作与生活，东莞图书馆事业的蓬勃发展，证明自己当初的选择是正确的。

3年来，切实感受到东莞文化发展的优良政策环境。东莞加大文化新城建设力度的一系列战略部署，形成了政府高度重视和社会高度关注的图书馆生存环境。和全国的其他城市相比，东莞的图书馆事业的外部政策环境是最好的之一：各级领导对图书馆的重视是空前的，对图书馆的投入是巨大的，对图书馆的期望是超常的。这是东莞图书馆人之幸，东莞市民之福。我作为身处机

---

* 作者在2005年8月26日召开的东莞图书馆长任职会议上的讲话。

遇当中的图书馆人,只能用加倍的努力、加倍的勤恳、加倍的奉献来回报。

3年来,切实感受到全馆同志创业热情和工作干劲。大家上下齐心,扎实苦干,努力创新,使图书馆工作获得长足的发展:确定新馆规划与定位,按点(新馆建设)、面(地区图书馆事业建设)、线(图书馆行业影响)相结合的总体要求明确发展方向;图书馆的业务组织、馆藏资源、人员素质、技术环境、服务范畴、社会影响发生了较大的变化,基本实现老馆到新馆、馆内到馆外、传统到数字、单馆到多馆、常规服务走向品牌服务、一般藏书转向总量和特色藏书等现代图书馆形态的转变。在地区内,东莞图书馆开始发挥出龙头作用,逐步由普通的地市级图书馆向现代化城市中心图书馆迈进,全新的地区图书馆服务体系雏形已经初步显现。

这3年,是图书馆新馆建设的3年,是我们业务转型和充分准备的3年,也是我们满负荷、超负荷工作的3年。东莞图书馆已经在历史与现实的交汇处完成了起飞前的助跑,势头很好,赢得了社会和同行的认可。接下来,伴随着新馆开馆,我们应进一步抓住机遇,实现真正的腾飞。

我们要目标远大,向广州、深圳看齐,向上海、香港、新加坡学习,取法乎上,成乎其中,建设现代城市图书馆体系,实现图书馆之城的奋斗目标。我想,在一个以图书馆著称的城市中生活的图书馆员应该是非常自豪的人。

我们要继续创新,要像东莞经济发展一样,敢立潮头,勇于探索。新世纪也是图书馆行业的变革期,东莞图书馆要当地区乃至全国的探索者。我们已经在图书馆事业体制、集群图书馆技术研发与应用方面走在全国前列，目前要抓紧总结经验，提高理论水平。

我们要加速知识传播，和社会需要紧密结合，融入社会，走向民众，实施零距离行动，使图书馆获得新的广阔的生存空间，回归主流社会，赢得社会的尊重与认可。

东莞图书馆发展的大政方针已定。尽管我们的现实基础还很薄弱，与先进差距还很大，但只要我们认准方向，不动摇，不松劲，不折腾，专心致志，踏踏实实，埋头苦干，就一定能够实现我们的腾飞之梦。

新的任命，新的要求，新的压力，这是对我的激励。我将牢记宗旨，恪尽职守，团结同志，努力工作，回报组织的信任和同志们的支持。相信东莞图书馆的未来天空将更广阔，事业更辉煌。

微笑着继续前行　留下我们的故事[*]

从2003年起,开始实施"主题年"战略,每年一个主题部署全馆工作,到2010年对新馆建设以"微笑年"划上一个小句号。2011年,新世纪建设的又一个5年,我们又站在了新的起点上。

1. 我们应该微笑

职业的性质决定了我们应该微笑。图书馆是公益服务机构,是社会财富的二次分配,体现的是社会公益和公平。这个职业不要求你追求利润和实现利润最大化,而要求你更多地关注大众群体,关注弱势群体,提供普适服务。

联合国教科文组织《公共图书馆宣言(1994)》:"社会和个人的自由、繁荣与发展是人的基本价值。公共图书馆是各地通向知识之门,为个人和社会群体的终身学习、独立决策和文化发展提供了基本的条件。"

中国图书馆学会《图书馆服务宣言(2008)》:"现代图书馆秉承对全社会开放的理念,承担实现和保障公民文化权利、缩小

---

[*] 2011年东莞图书馆迎新年讲话。

社会信息鸿沟的使命。中国图书馆人经过不懈的追求与努力，逐步确立了对社会普遍开放、平等服务、以人为本的基本原则。"

我们不急功近利，我们有人类的悲悯之情和普世情怀。我们的微笑是无私的。无私的微笑是可爱的。

工作的成就让我们自信地微笑。我们建新馆以来的8年，筚路蓝缕，踏踏实实，一步一个脚印，以我们的智慧和汗水赢得了市民的认可和同行的尊重。本来，东莞夹在广州、深圳之间，从图书馆行业来看，东莞也名不见经传，突破其实是很难的；但我们走出来了，而且走得蛮有特色蛮有影响。我们应该为自己鼓掌，为自己的成绩微笑。每天早晨镜子中有个微笑的你会给你带来好心情。天天坚持下去，会给你带来好命运。有书为证——《态度决定一切》。

我们应该自信；我们绝不能自满。自信的微笑是可敬的。

2. 盘点微笑年

微笑年是8年建设的一个小句号。记得每年的主题吗？培训年、基础建设年、服务年、活动年、管理年、规范年、研究年、微笑年，基本上都是以工作为中心，有内容事项，容易抓。到微笑年，落实起来难度就大一些高一些。馆、部门、一些同志都想了许多办法，很多点子。各部门的微笑工作项目、微笑之星评比、快乐阅读等，新馆开馆5周年纪念活动，馆内员工也有生日聚会，月月不同，各有创意。给读者微笑，让自己快乐。这一年会有不一样的记忆，快乐美好的记忆。年末举办的微笑年集体学习交流会，也很有图书馆员的智慧。大家谈得也好，馆徽都笑了。

3. 微笑着继续前行

韦尔奇说:"到一定发展阶段,思路不同。"

我们有成长的烦恼:与城市发展对图书馆的要求比有差距,与先进的图书馆比我们的问题还很多。业务工作的:空间不足,文献虚实结构,专题特色,服务效能,形象完善,等等;组织管理的:机构设置,项目组织,人员素质,环境保障,等等;事业发展的:三级结构如何强化分中心,如何深化阅读活动,数字阅读准备得如何,等等。尤其是我们正面临由文化新城到文化名城的跨越。按我对名城的理解,基本要有两条:视野要宽;水平要高。全国范围来看才行,达到相当高度才行。我们如何提高自己做好准备?原有的工作模式没有大的变化,相当多的新工作就没有办法承担。我们需要更多的思考、设想和组织。

下一个5年东莞图书馆如何发展,如何以名城为契机赢得新的成长?说难也难,说不难也不难。我们已有了良好的基础,也有良好的工作经验,那就是务实、理性。我们要继承好的,发现新的,充实自己,解决问题,微笑着继续前行。要有更多的人具有自我担当意识,独自去想去完成某项工作。因为任务多了,项目多了,压力也大了,是中高级专业人才就需要有这种要求,也应该有这种追求。

4. 故事年的遐想

主题年,下一阶段还搞不搞,如何搞?我想凡是好的有益的，能坚持就尽量坚持。物质财富和精神财富都是有赖于积累而发展的。我们的"和谐·高效·认真·愉快"组织文化八字方针，是好的，坚持；东莞图书馆人追求做平和亲切、富有智慧、受人尊重的人，也是好的，坚持；主题年成效很好，坚持；但可以有个大的调整。工作发展讲时尚的话是：外树形象，内强素质；古人说是内圣外王之道。我们图书馆到了这样一个阶段。

因此，下一个5年的主题偏重和工作相关的思想、感悟、凝练，提高自身的境界修养。2011年的主题定为故事年。说起故事，人人都有故事，事事都是故事。儿童没有不喜欢听故事的，常常追着大人要求给讲故事，尤其是答应大人去做某事时讲的条件就是要讲故事，甚至数着手指头，"今天要讲3个故事就去睡觉"。那种渴望，那种热情，那种纯真，回味起来总是那么美好。少年则把对故事的追求进化为小说，要求更完整、更奇丽、更长才更过瘾。故事和小说，将人、事、物及时空组合起来，重新赋予意蕴。于是，人间的另一个世界被人创造出来了。故事是让人感受的，刻骨铭心的故事常常和人们的经历、思想、情感密切相关，引发强烈共鸣共振。身边的人和事最有基础，最易共鸣，这是我们大家的经历。那么，请拿起笔来，留下我们微笑前行的故事，写写你身边的人和事，发现同事的善良、读者的友谊，也可能是工作的烦恼，心灵的感悟。我相信，走过的岁月，成长的足迹，带来的是信心，是希望，是丰富，是提高。

阅读时尚 沟通无限[*]

东莞检察院书友会汇聚了检察院系统一批有知识的思想活跃的阅读爱好者,通过荐书、读书、品书、分享等方式开展了丰富多样的阅读活动。我曾受邀参加检察院书友会的集体读书活动,深为他们的思想活力而感慨,为其专业进取、人性进修的精神而赞叹,为有这样的阅读学习组织而高兴,也由此感受到东莞检察院系统读书氛围的浓郁和自然。阅读成为东莞检察院系统的一种时尚追求,这种追求浸沉在组织文化之中,润泽着个体和组织,漫射出思想和智慧之光。

史学大家余英时在述及中国文化重建时曾提出要注重文化的超越性,"肯定文化的超越性以克服浅薄的功利意识和物质意识,这是一切文明社会的共同要求"。文化超越可以让我们重新反思近代以来的中国社会发展,重新认识东方传统文化与西方价值体系;同时,文化超越需要建立在文化自觉与文化自信的基础之上。自主自觉地学习是当代知识分子的生活所需和职责所系,而阅读则为基础门径。在信息丰饶繁茂的今日社会,加强阅读交流,提倡思想沟通,凝聚社会共识,变得尤为重要。社会的沟通

---

[*] 原载于《读书与思考》,东莞市人民检察院东莞检察书友会编著。

应该建立在阅读学习的厚重基址上。检察院书友会的同仁在大时代的学习氛围中精心营造出了一个属于他们自己的阅读天空,在此感悟生命,丰富生活,完善自我,在此交流读书心得,提升业务能力,省思社会进程,也收获阅读的丰硕成果。《读书与思考》便是东莞检察院书友会一年多来读书学习的一份收获,一份满含智慧的思想之果!

东莞检察院书友会不仅在检察院内部营造了浓厚的阅读学习氛围,加强书友间的沟通与交流,还走向社会。他们在东莞图书馆的"市民学堂"举办了2场专场讲座,推荐好书,与广大市民一起分享读书心得,达到了"一人读书,多人分享"的目的,受到广泛欢迎和好评。现在,《读书与思考》的出版可以更大范围地分享书友会的读书心得,进而推动社会阅读,促进思想沟通。

希望东莞涌现更多这样的书友会,使阅读成为社会时尚!

希望东莞检察院书友会韧性坚守并不断创新,有更多的成果能与社会分享!

传承与交流:图书馆的社会化演进[*]

有智者说:"图书馆职业是为古人延寿的事业。"确实,图书馆在人类文明中的传承作用也让图书馆人的工作有了最大的价值。图书馆的产生,源自保存图书的需要。作为"藏书之所"的图书馆,从其诞生起就承担起了收集、保存和传播人类知识精华的职能,成为人类社会记忆的重要组成。波普尔曾说,假如世界毁灭了,若还有图书馆就容易重建世界。这从一个极端也说明图书馆的社会价值和传承作用。如今的图书馆,空间设施、文献载体、技术构成、服务形态、种类数量等与产生之初已不可同日而语,不过有一点没有改变,那就是文献保存的职能依旧,而且更强大、更有效、更科学。伴随着图书馆成为一种社会性事业,图书馆员也成为一种职业,也是社会记忆的一部分。

然而,即使是闪耀着璀璨智慧光芒的珍贵文献,如果被尘封于藏书楼,也将难以照亮人类走向更高层次文明的征程。在工业革命的现实诉求和启蒙运动的思想激荡下,图书馆的先行者们自觉地顺应社会的要求,向社会敞开了图书馆这座知识宝库的大门。图书馆人以对文献知识的有效收集、整理、组织和提供应用

---

[*] 原载于《东莞日报》,2012 年 11 月 19 日第 A10 版。

赢得了社会的尊敬。从这个意义上说，图书馆职业的尊严和荣耀来自无私地向全社会敞开了知识的大门，来自向社会各阶层的人群提供了专业化的知识服务，更来自对通过知识的有效组织而促进了人类文明的传承。从"藏"走向"用"，这正是图书馆职业价值的终极体现——面向社会，融入社会，在服务大众中展现行业风采。

近代以来的图书馆发展历程，实质就是其社会化的演变和推进过程。19世纪中叶，就在狄更斯发出"这是最好的时代，这也是最坏的时代"的时期，在英美两国几乎同时出现了公共性质的图书馆。它的出现，有着深刻的历史背景。率先发生于英国的"工业革命"改变了社会生产关系，推动了社会生产力的发展，人类从此进入了规模工业时代。工业革命使得农民不断涌向城市，成为产业工人，他们对提升自身的知识和技能有了更多的需求。现实的社会诉求，最终敲开了封闭的"藏书楼"的大门，使图书馆开始向社会开放，从而使更多的人能分享知识。1850年，第一部《公共图书馆法》在英国诞生，图书馆作为公众的知识共享场所被写入法律。至此，图书馆已不仅仅是人类文明的守护者，也成为人类交流学习的场所，逐步发展普及起来。

图书馆与社会互动的最好案例是钢铁大王卡内基。据卡内基晚年回忆，他年轻时对书籍如饥似渴，可是苦于家境贫寒，根本没钱买书。一次偶然的机会，卡内基发现了一家免费的图书馆，那是一个叫安德森的上校私人创办的小图书馆。每到星期六，卡内基就到这家图书馆里读书，他暗暗立志，将来一旦拥有了财富，一定要建立更多的免费图书馆。后来，卡内基转营钢铁工业，积累了巨额财富，他没有忘记当初的志向，专门设置基金会捐赠图书馆。到 1920 年，他捐建的图书馆达到 2 500 多家，实现了他的"图书馆应该成为社区的实际存在"的理想。卡内基受益于图书馆的交流服务，图书馆也受益于卡内基的捐赠建设，这是图书馆社会化的双向互认和良性互助。可以说，图书馆的服务能力和社会对图书馆的认知水平是图书馆发展的生机所在。

当今信息技术的普及和人们对知识信息的多元需求，无疑给图书馆带来严峻挑战，但也为图书馆的再造与升华提供了契机。图书馆必须正视社会现实发展，分析了解社会需求，融入社会，服务社会。接纳新技术，掌握新技术，通过新技术在图书馆行业的创新应用，可以使图书馆的建筑空间更时尚现代，服务方式更丰富多样，服务范围更广更远，传承交流能力更强更好。而图书馆职业化、专业化既是服务能力提升的需要也是一种保证。图书馆人需要反思并重建自己的职业理想，增强自己的职业能力，并重新定位图书馆与用户之间的关系。今日中国，更需要图书馆行业与社会的互认、互动、互助，图书馆的未来发展在于社会化，在于社会的普遍认知，在于图书馆行业的专业化知识服务。

新世纪以来，我国图书馆领域获得了前所未有的快速发展，发生了许多深刻的变化。值此图书馆事业发展的重要时期，图书馆行业有必要回首看看自己走过的路，并抬头审视前方更远的目标——这正是中国图书馆年会盛装举办的意义所在。2012 年中国图书馆年会在东莞举办，预计有超过 2 000 名专业人士参会，图书馆展览会面积超过 2 万平方米，规模空前。这是中国图书馆加速社会化进程的重要标志，向社会展示图书馆行业在新时期的整体形象，提高社会认知度。有了图书馆年会这样一个图书馆人欢聚与交流的平台，我们才能告诉全社会，中国的图书馆走过了或正走在一条什么样的道路上；也才能向全社会宣示，中国的图书馆人已经做了什么，以及将来还要做些什么。

2012年中国图书馆年会即将召开。站在东莞这样一个改革开放前沿城市的角度，在广东精神的指引下，我们期盼着能够把本次盛会打造成一个光芒四射的舞台：这个舞台将为图书馆而建，冀此，中国图书馆行业将向全社会敞开自己的臂膀，向各界展示社会信息化背景下图书馆专业化高水平的知识信息服务能力；这个舞台将为图书馆人而建，冀此，中国图书馆人将全面展示自己的职业风采与专业理念；这个舞台将为图书馆的未来而建，冀此，中国图书馆将更加自信地迈入信息社会，去追寻图书馆的行业价值与社会尊严；这个舞台也为东莞城市而建，冀此，东莞将为社会转型协调发展刻上一个新的人文标识，在新时期自觉地勇立文化潮头……

访谈：在与社会共同发展中创造图书馆的未来[*]

2012年11月，"2012年中国图书馆年会——中国图书馆学会年会·中国图书馆展览会"在东莞召开，这是我国图书馆界最高层次最大规模的行业盛会。年会结束1个月后，笔者接受了《数字图书馆论坛》执行主编顾晓光先生的专访。

顾晓光：2012年中国图书馆年会于11月在东莞召开，市委常委、宣传部部长潘新潮用"五个首次""五大成果"概括了此次东莞中国图书馆年会的特点，在肯定了年会成绩的同时，也是对贵馆同仁这么长时间筹备和组织会议的褒奖。请先谈谈从去年底到会议召开这一年来，你们作为具体参与工作的东道主为此做了哪些准备工作。

李东来：图书馆年会是我们行业和社会对接的一个平台，或者说是我们行业向社会展示的一次机会。这次年会是我们行业社会化的一个标志，它新的构成和举办方式给图书馆界的从业者带来了新的希望。如何以新的希望新的形式，使得本行业和社会进行有效地对接，继而提升行业的能量，向社会展示自己的形象，

---

[*] 访谈日期为2012年12月18日。原载于《数字图书馆论》,2013年第4期。

需要我们认真考虑。

这次图书馆年会举办的背景和初衷，主要是图书馆所呈现的社会性和社会意义，是图书馆行业的整体规模和交流对社会和举办城市的影响，这也是图书馆年会的存在价值。这是中国图书馆人在新世纪以来几次理性研讨的影响和实践推动的结果，它置身于中国社会发展的土壤之中。通过年会，把图书馆行业里精华的内容向本行业和社会集中展示出来。我更看重面向社会的效果。

顾晓光：这是与以往年会最大的不同？

李东来： 是的。中国社会的进程与图书馆发展的历程，是同步进行的。

顾晓光：并没有走在社会发展的前沿？

李东来： 没有，中国社会在近30年是以多么快的步伐在前进啊！ 这种发展是以经济发展为主，带动着社会变化而进行的，精神方面和制度方面的发展随着经济发展而发展。图书馆社会性的实现，是以我们行业自我认知和自我转换为基础的。举办这次年会，也寄托了行业发展的希望。行业的大汇聚，会有许多新的元素，新的元素会引起行业内新的变化和发展。

筹备年会之初，我们先开始对年会了解、认知、策划、宣传。2011年贵阳年会结束后，比较成型的会议有北大的全国图书馆学博士论坛。我专门去参加了这次论坛，那时您还帮我找了一批人来座谈，为年会出谋划策。我非常在意这次会议，因为参会的以博士研究生为主，知识层次比较高，有本专业的系统化培养，他们对于行业发展和现实基础了解得比较充分，而且他们和自己的指导老师是紧密联系在一起的，所以这次会议参会者是我们行业理论和教育领域的代表。另外，这次会议应该会有新锐的观点。

我们在各种会上宣传，会下交谈，吸收各界好的创意想法。筹备期间，我们两次请全国的专家到东莞，接受我们的咨询。

2011年底，我们先从馆里抽调了几个人成立了筹备小组。我们很在意策划。按文化部公共文化司和中图学会的希望，初步要求会议规模要扩大一倍，展览会独立为三大组成部分（注：年会分为工作会议、学术会议和展览会三大部分），规模前所未有，该怎么办？不确定性很大。展览面积从1万到1.5万平方米，最后是2万平方米，这都是需要临时调整对策的。以前年会的展览都是以标准摊位的形式来招展，上次贵阳年会，除了国家图书馆和文化共享工程管理中心是特装之外，都是以"标摊"的形式展览。如果我们看国外本行业的展览或者国内其他行业的展览，发现"特装"是体现展场的层次和水平，会给人更深刻的印象。以前"标摊"参展可能有人情在里面，但如果"特装"参展就需要公司一定的决策层才能够决定，需要他们的投入更大。

另外，通过这次会议，我确实感受到，政府的介入对于当前图书馆行业的扶持和引导是非常重要的。没有政府主导，就没有这次会议的规模和档次。

顾晓光：政府能够调动更多的资源。会议筹备的整体框架和思路最后还是需要政府拍板的。筹备期间，政府介入具体的工作多吗？

李东来： 一直介入，各级政府都非常重视。

顾晓光：刚才听您说的和我之前了解的，我总结一下对东莞年会的两点感受：一是政府主导，并且力度很强；二是从以往的本行业内的专业讨论转为向社会宣传本行业，让公众了解我们的成绩。我也能感受到东莞政府的支持，比如电视台现场直播、展览免费开放等，这几天像是东莞的文化节日，这是很积极的一面。从另外一面讲，政府的介入会不会对你们也造成某种程度的不便，或者说，管得太多了？

李东来：您的感受确为事实，许多参会的代表感受强烈，对东莞城市的文化建设和精神追求有现实和切身感受。有很多代表跟我说没想到东莞这样的城市和以往听到的想象的差异太大。

大的活动需要协调方方面面的利益，这时候，我们应该认识到，由于多方组织和不同层级的介入，它才能吸引不同的资源。各方肯定会有不同的要求，这需要磨合。面对专业会议，我们作为专业单位，责无旁贷要做好，要将图书馆行业内的东西介绍出来，让政府了解并认可。我们不能指望政府给你提问题，我们根据问题来做。既然政府很重视，我们就希望让政府重视我们提出的要点。比如，三大图书馆系统的馆员能否更多地参与。以往非公共图书馆的馆员参会的少，我们要分析，并且提出让他们感兴趣的内容，这就涉及我们会议之前的期许。一是社会化。我们不能自说自话，要有社会人员感兴趣的东西。在操作层面，我们希望市民也参与到学术会议和展览会中，包括您刚才说的公共资源这几天向市民开放，这也是给会议代表提供的便利。二是专业化。学术会议要有水平、有档次、有人气，中国图书馆学会组织的专业会议比往届多出一倍，引导了行业研究和未来发展。会议既成为东莞的文化节日，更成为中国图书馆人的节日。我觉得这次效果还是蛮好的。

顾晓光：这次分会场是历届以来最多的，也引进了其他定期召开的单独会议，比如北大全国图书馆学博士论坛、图书馆学编辑会议等，这都是一次很有效的尝试。在我看来，这次会议在专业化方面也有一个遗憾——会期有些短，只有仅仅两天时间，而像 IFLA、ALA 的年会会期都要长很多。

李东来： 这是发展中的问题，也是逐步认识和调整的事情。有组委会的因素，也有使会议开得更紧凑更高效的考虑。我现在想来，因为会前有很多未知的情况，比如参会代表和分会场没有那么多会怎么样呢？所以我们也需要倒过来想，辩证地看。我们通过一些措施，能够解决上届会议出现的问题，那么可以说，我们就往前走了一步。贵阳会议的时候，两个主会议有时冲突，使得一个分会场几乎没有什么人；我们这次解决了这样的问题。当然，我们也面临了新的问题——参会代表的数量超出了我们的计划。如果说代表参加这个分会场，而无法参加另外有同样兴趣的分会场是一个问题的话，那么在 ALA、IFLA 会议也同样面临这种情况。ALA 有成百上千的分会场，他们也无法保证所有代表都能够参加感兴趣的讨论。

除了以上所说的社会化和专业化期许之外，第三是国际化。我所理解的国际化不是有几位高鼻深目的外国人来做个致辞就可以了；我比较在意国外是否有新的内容和产品在这里展示，特别是在展览会上。李国新教授（注：国家公共文化服务体系建设专家委员会副主任、北京大学信息管理系教授）和我们策划了一个城市图书馆服务体系实践样本的展区。中国公共图书馆总分馆制发展了十多年，2000 年，上海图书馆的中心图书馆是肇始，应该记上一笔。"十一五"期间，文化部政策文件中已经提出有条件的图书馆应该实施总分馆的服务体系，已经有很多城市和区域图书馆在按这种模式操作。国外发达地区图书馆的这种体系也比较成熟。通过他们的加入，我们以邻为镜，看看有哪些不足，这是我们的一个目的。国家在做公共文化体系，图书馆是目前该体系中比较成型的一块儿；但我们与世界来比较呢？希望通过这种比较，有所思考。我们找来了新加坡和北美几家图书馆，还编了一个服务体系实践样本的小册子，从5个方面来做比较。

顾晓光：国际化方面，达到预期了吗？

李东来： 应该说超出了预期，在年会上有了良好的起步。不仅在展览会上，中国图书馆学会还有两个北美专业分会场和新加坡方面的专业分会场。北美劳顿郡图书馆员介绍的他们为智障人服务的投入和细致给中国同行留下深刻印象。我们在"技术的力量"和"e读e学e生活"专题会场开通的即时交互微博墙，也给新加坡图书馆人同样的感受，他们表示也将在2013年新加坡的IFLA大会借鉴。

顾晓光：今年你们的工作会对后来者以借鉴，如何在你们的基础上做好，也是一个现实问题。

李东来： 今年三四千人参会，以后规模可以维持在这个数量之上。把基础夯实，内容做好，而不只是注重形式，下一步如何继续扎实地做下去，这才是重要的。总是规模翻番不见得就是好事，我们要理性地去看待科学发展。

顾晓光：您刚所讲的社会化、专业化和国际化这3个特点，我个人觉得社会化更重要一些。不管是中国还是西方发达国家的图书馆，都面临着网络的冲击。中国图书馆没有西方图书馆在民众中的影响力大，我们更应该借助年会这个平台，通过各种形式宣传图书馆。我们会经常看到很多国人去美国等发达国家时称赞他们的图书馆服务，甚至像发现了新大陆一般。岂不知，中国的很多图书馆也正在提供相同或者相似的服务，只是他们已经好久没有利用中国的图书馆了。这些读者以20世纪90年代中国图书馆的标准与现在美国等发达国家的图书馆做比较也有失偏颇。但是，这不能怪这些读者无知，我们更应该反省为什么没有让读者知道我们提供这样的服务。

李东来： 说得对。与以往年会比，这次确实是大大地跨了一步，今年社会化的特点是最重要的部分。刚才我提到市民都可以参与，另外，今年利用大众传媒进行宣传的力度也是以往没有的，这是不是扩大了我们行业的影响？另外还有一些让大众感兴趣的内容，比如榜样人物等。年会要有一些品牌性的内容，榜样人物是一种代表。

顾晓光： 是的。会议还邀请到文化部前部长王蒙先生做了主旨报告，这位在社会上有相当影响力的著名作家参加我们的专业会议也是吸引公众注意力的一个方面。

李东来： 邀请到公众人物，专业年会的社会化的标识性意义会更强一些。

顾晓光： 以往的年会，参会代表基本上是公共图书馆的馆员。如何吸引更多的专业图书馆和高校图书馆参加年会而不局限在公共馆，你们都做了哪些工作？

李东来： 从开始策划到咨询专家，我们都有意邀请非公共馆的同行参与进来。据我了解，文化部也与其他部委做了沟通。对于我们承办方来讲，请到北大图书馆学博士论坛移师东莞，参与年会，这是教育系统的力量，也是标志性的。评选榜样人物，不仅限于公共图书馆馆员。这是方方面面的努力。

组织方是希望各方面的同仁都能够参与，因为这是我们图书馆人自己的盛会，所有图书馆人都应该有所贡献。不管我是公共系统，还是教育系统、科研系统，都通过这次机会来展示自己的成果，以体现出我们行业整体的形象，我认为这是最主要的。

顾晓光：这次年会推出了八大榜样人物，这是为了年会专门进行的评选吗？

李东来：这是前面所说的社会化因素的一个展示，也是标志性的事件。我们市里提出了这个策划，公共文化司非常认同。实质上年会的安排有很多大家不谋而合的东西。年会要有新的元素和品牌性的东西。

顾晓光：评选的标准是什么？

李东来：是组委会进行的评选。分支机构上报候选人员，组委会有一个专家评委会最后确定。

顾晓光：对您来说，这次年会还有哪些遗憾？或者说对以后承办的机构有什么可拓展的建议？

李东来：我个人对事情喜欢两方面去谈，成也萧何，败也萧何，这样我们认识事情会更清楚一些。我们提社会化，指标也很多，亮点也好，新的想法也好，够不够呢？与以往相比是跨越性的，但距离我们现代的社会化目标差距还很大。这次会议是三方合作，展览会东莞下了很大的力气，利用了各方面的力量，有政策导向，有相关利益的企业配合。这些是一次会议的结果，但能不能把它变成常态化，长期的延续需要图书馆的发展和社会化的进程。我们要能够给企业以预期和回报。我跟有关的领导说，我们做得很辛苦，应该让企业看到某种回报。如果对展览的收益不满意，他们第二次还会来吗？这不仅是单单考虑东莞年会的问题，也是对一个行业可持续发展的考虑，我们希望以后更加成型。

　　ALA年会的收入占ALA收入的大约1/3，年会能有相类似的目标吗？能达到吗？目前是没有也达不到。我们比他们差吗？也不差。中国图书馆发展这么快，文化事业蒸蒸日上。我们去美国参加ALA年会的时候，带着我们的宣传单，美国同行和参展企业看到中国图书馆事业的发展也是很感兴趣的。我们能不能拿出数据来说服他们加入我们行业的推广来，并且得到一定程度的回报？这是双赢，而不仅仅是一个口号。社会化方面，我们前进了，但是还不够。

　　顾晓光：我有同感。无论是工业革命时代，还是目前的信息时代，技术的发展促进了生产力的大幅提高。近年来，图书馆的发展也是伴随着信息技术的发展而来的，与图书馆相关的技术发展息息相关。年会吸引公司参展，也会影响图书馆，为图书馆的发展增砖添瓦。我们要多吸纳它们，它们可以在经济上获益，我们可以通过它们提供的支撑更好地为读者服务。除了展览，公司学术化的商业推广也应该要有一些。这次年会的效果如何？

　　李东来：办好年会要注重策划。比如这次最大的参展商超星公司，事先我们做了沟通，介绍了图书馆的发展和需求以及年会情况，他们也认可目前图书馆的发展态势。他们的参展由最初的8个标摊24平方米到最后决定做一个600平方米的特装展台。那么这么大的展台到底放什么，也是需要好好策划的。起初，我们展开馆内年会策划头脑风暴会，有位年轻同志提出大型行业展会有概念产品展示，如汽车大展中的新型概念车，由此建议在年会设立"未来图书馆"的主题展区。而超星是以数字资源和信息技术服务为主的公司，如果超星能够参与到这个主题来，用户是会很感兴趣的；但是这难度又很大。经过商讨，调整为"图书馆：从现在走向未来"这一主题。图书馆已经在使用中的内容，不算未来，但是大部分图书馆还没有使用，对它们来说就是未来，这是一个相对概念。同时，我们共同举办"e读、e学、e生活"分会场，他们参加到专业的学术会议中介绍他们的产品和服务。最后，他们对于这次展览的成效很满意，说明年还参加图书馆年会，并且还做最大的。他们的集中展示对我们行业来说是有好处的。

*顾晓光：*您对这次年会还有哪些体会？

李东来： 我们对事情要有"想法"，然后再考虑如何将想法实现。我们不乏想象，但更加聪明的想象是能够将想象落地，政府文件叫"抓手"。图书馆是一个服务机构，并非是一个纯粹的研究单位，所以如何将想法放入现实中显得更加重要。

图书馆社会化的研究与实践都很重要。政府也清楚，不能老是政府来做，最终还是回归行业，政府只是起"扶上马"的作用，等到了一定的规模，就水到渠成了。

图书馆的社会化，利益相关方是非常重要的，如果他们关注这个行业，有更多相关资源投入进来，通过资源转化，行业的发展会更好。如果我们没有这个意识，如同吴建中馆长所说的图书馆员比较保守（注： 详见本刊 2012 年第 7 期《访谈上海图书馆馆长吴建中先生》），那就是一个问题了。

*顾晓光：*是的。如果说自动化时代之前，我们关起门来可以的话，那么现在我们如果不借助外力，那可能真是要落伍了。信息技术的发展会直接影响社会的发展。比如微博对于中国社会的影响，虽然现在可能只是细微的影响，但通过展览会，我们可以

从中吸收很多不一样的元素。

李东来： 加大展览会的规模、层次和丰富形态是这次年会改革的一个很重要的变化。展览会是年会新的增长点，这不仅是参考和学习了 ALA 年会，也是政府认识到图书馆行业也会有这么大的规模和社会经济作用。借鉴国外案例，结合国情，加以扶持，扩大整合后逐步交回给行业，这就是政府的作用。

顾晓光：关于 2012 年中国图书馆学会东莞年会，我们就聊这些吧。

您在《易读》（注：东莞图书馆主办的以阅读为主题的季刊）2012 年第 4 期中发表过一篇《传承与交流：图书馆的社会化演进》，里面有这样一段话："新世纪以来，我国图书馆领域获得了前所未有的快速发展，发生了许多深刻的变化。值此图书馆事业发展的重要时期，图书馆行业有必要回首看看自己走过的路，并抬头审视前方更远的目标——这正是中国图书馆年会盛装举办的意义所在。"能不能谈谈您心目中"更远的目标"？

李东来： 现在，图书馆行业受到的冲击很大，看更远的目标要先想想我们的生存基础在哪里，核心竞争力在哪里？要有所为，有所不为。我比较看重图书馆教育职能的回归。换句话说，图书馆的教育职能会越来越重要，这也对图书馆员专业化、高水平的知识组织要求越来越高。

顾晓光：是的。图书馆是民众终身教育的课堂，现在的图书馆也正在有意无意地朝着教育、文化中心去做。

这两天，CALIS 请到了美国图书馆界著名的技术咨询师 Marshall Breeding 先生到北大图书馆做讲座，他在这个月刚刚发表了一篇《技术评论与 2013 年预测》（*Tech Review and Forecast* for 2013)的文章(全文见：http://www.infotoday.com/cilmag/dec12/Breeding-Tech-Review-and-Forecat-for-2013.shtml)，里面提到了图书馆集成系统（integrated library systems，ILSs）向图书馆服务平台（library services platforms）转变的趋势，服务平台能够通过云计算等技术，管理印本和数字资源，更加有效地进行知识管理和使用。我对东莞学习中心的平台建设比较感兴趣。

李东来：最早的学习中心是以东莞市民学习网为主，2005年开通时在社会上有比较好的反响，志愿老师还会进行针对性的辅导。我觉得那个时候数字图书馆的黏着性不够，教学视频却不同。2008年，我们对平台升级了一次，集成度更高。

我认可Marshall Breeding先生所说的。我希望东莞学习中心是一个图书馆资源的整合平台，也是一个系列化的、有跟踪性的服务平台，不完全是以前数字图书馆的概念。

我们图书馆的目标很好，但涉及不同的商家、资源、软件以及各自的利益，所以需要逐渐地通过技术来实现一体化的服务。谁也不希望信息孤岛，但现在资源越多，感觉孤岛越多，需要更多的整合。

顾晓光：因为你们是以中文资源为主，目前的整合情况怎么样？

李东来：总的来说还不错，但也有些问题。我们一直很在意打通资源和服务的整合，至少包括两个方面：第一是读者的统一认证，登录一次查看所有资源；第二是读者一次检索所有资源。现实中，我们尽量整合所有资源；但也不必较真，因为情况也比较复杂。以前，我是用技术管理的方式来思考，现在已经有变化了。

举个例子。1996年,北京IFLA会议之前,IBM有一个展览,对国内图书馆界是一次巨大的冲击和鼓舞。IBM与我们自身行业的认知有些不一样,它的三角架构把我们行业核心的东西用简单的数学模型描述出来,把我们以前经验性的东西变成了可实现的模型,我感到非常震撼。而现在,技术的发展很快,我们对问题的思考也需要多方面的。

我是从图书馆行业社会主要职能的回归来认识学习中心发展的。以前,图书馆的主要职能是资源信息查找,一个清晰的影像就是,如果读者去查找资料,我们行业的老先生能从众多工具书里帮他找到答案;而现在谁都可以做到了。换句话说,老先生失业了,社会上每一个人都变成老先生了,谷歌、百度成了"图书馆员"。我们行业的这个职能在当今被弱化了。

第二个职能领域是阅读。现在,我们行业在阅读这个领域很热,中国图书馆学会2006年在东莞成立阅读推广委员会,是中国图书馆学会的一次拓展,也是图书馆社会化进展的一种标志。阅读是图书馆和社会发生关系的一个媒介,但我们通过一些活动或者推荐书目所发挥的作用是有限的,并没有突破我们原有的服务形态。

第三,我们需要对图书馆社会教育职能进行重新认识和回归。尽管方方面面还没有做好这方面的准备,但并不意味着我们不往这方面去转变。如何转变?除了以前经验性的积累,我们希望这是以后读者进入图书馆的一个入口。另外,我们还设立一个学习中心推进部。新的职能需要有新的机构相对应,然后再逐步完善。学习中心不完全是一个学校,我们在探索,现在还不完全成型；包括组织架构、内容整合模式、服务形态，主要是尽量满足社会需求，并开展一些活动。

顾晓光：图书馆需要多培养成长中的用户，这方面儿童是主流。通过吸引低年龄层的读者来培养他们对于图书馆的感情，让他们有很多美好的记忆留在图书馆内，使图书馆成为他们的精神家园以及终身受用的地方。我参观东莞图书馆时，对儿童阅读服务区感触较深。请谈一谈你们儿童服务的情况。这是不是你们读者的主力群体？

李东来：是主力群体。公共图书馆这些年的发展，儿童服务是一个重要的领域。原来参考苏联模式，大中型图书馆是不做儿童服务的，需要单独的儿童图书馆。

现在各级图书馆儿童服务越来越多。一是因为儿童是阅读的新希望；二是因为我们对高端读者的服务难以做到位，不得已而为之。信息服务中打破了原来的划分和区隔，大家找不到新的东西，我们图书馆核心的东西弱化了。我不了解高校和科研机构的学科馆员能够做到什么程度，说老实话，公共图书馆没有那么多专门领域的人才啊。

越基层的图书馆越应该关注儿童服务。新加坡的有些社区图书馆专门单列出社区少儿图书馆。东莞图书馆的儿童天地和漫画馆吸引的基本是未成年人，通过"小手拉大手"，再吸引成年人来图书馆。儿童阅读服务是需要有新东西支撑，与时俱进，满足儿童所需。

顾晓光：这是不是说你们还会加大儿童服务的比重？

李东来：我其实不太在意比重，只要是适应需要就可以。我们会据此进行适当的调整。我比较在意的是提供什么样的服务内容吸引这些读者。一个1万平方米的儿童图书馆没有新的形态和内容也是不行的。东莞老馆改建成少儿图书馆和老年人图书馆，为什么少儿服务和老年服务放在一起？中国传统的老少相携，"老吾老以及人之老，幼吾幼以及人之幼"这种观念，我希望在我们图书馆里有一个具体的承载形式。

顾晓光：我觉得这种形式挺启发我的，感觉很温馨。作为独立建制的少儿馆，也有一些争议——它是否有存在的必要。

李东来：我觉得没有什么可争议的。现实中已经存在着，如果你做得好，还有什么可以争议的？我们是应用领域，是否能够适应社会的发展，我们应该要清楚。

除了常规的儿童服务，我还希望在其基础上做一些提升工作，集中在两点，虽然不容易做到，却是我们需要的：一是教育儿童"美"，美是什么？如何去体会美的感觉？为什么德国的技术工艺很好？因为他们很在意这种培训。台湾地区汉宝德写了一本书《美，从茶杯开始》，从中可以看出如何认识美、辨析美。这是基础，给孩子定调的基础，我们这部分做得不够。二是教育儿童"爱"，在绘本上能够体会出很多。

如何将老少联系在一起？斯芬克斯之谜说的是人成长的一生。原来想在门口用斯芬克斯的头像来吸引孩子，如果能够答出"斯芬克斯之谜"，那么就可以进去，后来发现实现起来有些困难，就把头像放在里面了。通过"斯芬克斯之谜"，可以教育孩子，也让他们思考人是什么，孩子也有老的时候，让孩子去思考是好事。孩子对神话故事最感兴趣。在神话故事里，我更在意希腊神话，我认为这里面有很多"美"的东西，而且希腊的神是有七情六欲的人神。

顾晓光：你们的总分馆体系已基本成型，还想在哪些方面进行完善？

李东来：总分馆的集群管理基本定位为业务整合，而不是管理体制统管到底的方式。良好的愿望也需要有现实的支撑，行政的条块分割壁垒不是图书馆行业可以完全突破的，如何在现实中发挥整体化服务才是更需要考虑的。在总分馆初期，我们也想采编统一，但困难重重，而且后续的资源未必跟上。我们从开始的统采统编到后来调整为指导采购，帮助分编。图书馆界有一种声音，认为都统起来才对，甚至说人财物不统一就不是总分馆。但我觉得应该从读者角度看是不是一体的，这才是最主要的。东莞通过集群管理，在技术上实现了图书馆业务整合。现在业务整合有没有问题？还有一些问题。毕竟不是强力性的行政关系，我觉得这是正常的。即使有强力性的行政关系，可能还有其他症结性问题，如难以更多地吸收其他的社会资源。目前看，这种业务整合对于现行体制下整个城市图书馆体系的社会资源供给可能是最大化的，最有利的。

顾晓光：你们2012年获得了东莞市政府颁发的"政府质量奖"，而且只有3个单位获奖。政府看重你们的是什么？您作为管理者对于图书馆管理的体会是什么？

李东来：有点自豪的是，我们排在第一名。回过头来说，行业发展到一定程度，需要标准化的管理。图书馆行业有很多质量管理体系，像ISO9000等。这个奖是基于卓越绩效模式的，有国家标准。

卓越绩效管理的标准体系，就是我们追求的卓越通过绩效来实现。该模式源自美国波多里奇奖评审标准，包括领导、战略、顾客和市场、测量分析改进、人力资源、过程管理、经营结果等7个模块，一个菱形结构的评判体系，比较规范；当然在国内也有落地生根的问题。

我们申报政府质量奖，也是给自己的一个压力。还有一个原因：我们行业的发展不能自说自话，如何用别的行业的东西、通用的标准模式来看我们自己？再一个原因：我们和社会如何去互动？这个方式对于自我提升是很有效的，是我们新的学习过程。年轻的骨干也愿意去学，他们费了很大的力气，因为话语体系很不一样。转化过来后，发现价值非常不一般。

顾晓光：这是对于10年来管理工作很大的肯定。

李东来：我们用社会公众相同的评价方式和要求来检查我们的工作，也增强了我们业务骨干的自信心。尤其是2012年，工作压力很大，年底有首次城市承办制的图书馆年会。上半年启动质量奖申报是我们业务重整的机会，也是为年会做好自己工作的准备。

我们现在抓卓越绩效管理其实也是基于现实和未来发展这样一个预期。改革开放三十多年中国社会的高速发展主要是经济方面的，文化并没有同比例发展，这是需要补一些欠账的。现在文化场馆免费开放等措施就是在补欠账。我们要理直气壮地向政府争取增加文化的投入。如果争取得到，经费如何用得更好就是行业自己应该面对的问题了。文化的需求是潜在的，需要激发的。我们如果不激发不争取，未必达到想要的效果，这就常常陷入了一种发展悖论。我们的公共文化体系直接到村一级，把设施建好后没人来用，引发了需不需要这些设施以及许多新的问题。但如果连设施都没有，那么工作人员不可能配置，也就谈不上开展服务。主要还是我们看待这些问题的视角。

经济出现问题后,我们的生存环境变化了,首先还是要考虑我们行业如何生存和发展。这又回到了我们的职业基点:哪些是对社会最有价值的?还是要回到图书馆的社会性上来谈。我们的价值在哪里?是否找到了新的价值?如果我们对民众来说有了新的价值体现,那么图书馆的发展就一点问题都没有了。如果没有找到新的价值,一个事物没有生命力了,自然会要转换。行业和城市的转换升级是一样的道理。

我觉得我们没有必要谨小慎微地去做;我们要发掘新的形态和增长点。上海图书馆吴建中馆长说的新常态确实重要,提醒我们充分认识行业发展的现状及态势,尤其是近些年图书馆事业的先发地区更要有清醒的认识。他也同时提出了跨越的思考;但目前我们还没有找到或者找准,要有新形态的意识积极去探索去寻找,通过发展来解决自己的问题。既要认识到发展环境可能会恶劣,但也可能会变好啊!关键是我们要积极寻找到变好的那个领域。

顾晓光:您是 1980 年进入北京大学图书馆学系读书的,现在与北大信息管理系也保持着很密切的联系。您如何看待北大教育对您的影响以及图书馆学专业和图书馆行业之间的联系?

李东来:我对东莞图书馆员工说我以北大为荣,感到很自豪,也希望你们因为我而与北大建立联系。全馆已有四十多人参加北大硕士进修班学习。北大信息管理系对我们的工作很支持。王余光主任负责的中国图书馆学会阅读推广委员会就是在东莞成立的,这次东莞年会也吸引了北大全国图书馆学博士论坛参与,这都是对我们的支持。

我希望北大信息管理系作为图书馆学专业的重镇，发挥出他们的高度，更好地影响行业的认知和走向。作为应用学科的专业院系，应该与实践有更加紧密的结合。在当今发展变化的时代，在某种程度上，发达地区的图书馆事业也是一个前沿阵地，有一些新的实践探索。我希望图书馆工作实践得到理性的专业的营养的注入；同样，我也希望我们的实践能够给专业的理论研究提供更好的素材和案例，得以共同发展。

顾晓光：非常感谢您接受我的访问。

东莞城市图书馆十年大事记（2002—2012）

2002年

东莞市确立打造文化新城，在新城市中心区规划建设面积达45 000平方米的新图书馆。

9月5日　李东来由辽宁沈阳抵达广东东莞。

9月12日　东莞市图书馆新馆破土动工。

11月　拟定《东莞市图书馆新馆建设与发展规划纲要（2002—2010）》并上报，提出新馆定位：以数字图书馆为基础、体现知识交互理念、融合传统图书馆功能的现代城市中心图书馆。目标是在馆舍、设施、队伍、管理、服务等方面达到国内城市一流图书馆水平。

11月　配合市引进智力办公室加强人才招聘、考核、引进。

2003年　培训年

从2003年开始，东莞图书馆每年围绕一个主题部署全馆工作。2003年是"培训年"。邀请专家来馆举办专题讲座或进行业务指导，外派员工赴外地参观考察并在归馆后举办汇报讲座。全年外派考察学习人次多于在编人数，增广了视野，凝聚起新世纪新图书馆共识。

2月11日　启动"馆藏清点整顿工程"与"档案晋级工程"。

3月25日　停止办理阅览证，实行免证开放，免费阅览。

3月开始　全馆采取了一系列措施预防和控制非典型肺炎。

5月15日　新馆工地举行封顶仪式。

5月21日　召开"区域图书馆集群管理系统需求研讨与交流会"。

6月初　东莞图书馆自编自办展览——"中国历代藏书家图文展"在一楼大厅展出。

6月20日　全体员工参加了"员工应知应会及业务培训测验"。

7月24日　经评审获"广东省综合档案室省一级档案目标管理单位"称号。

7月下旬　东莞图书馆新馆徽确定，为变形e字。

8月26—29日　举办"新人新业务培训班"。

9月24日　"东莞数字图书馆开通试运行暨东莞数字图书馆读书卡首发仪式"举办。

10月15日　《东莞日报》以《迈向新世纪的城市中心图书馆》为题刊出专版。

10月17日　"午后茶"开张，这是由员工自主的业务交流沙龙。

11月15日　我馆首次承办全国性的行业年会——中国缩微摄影2003年会。

12月12日　"我为图书馆出谋献策"活动启动，共收到99人287条建议。

12月19日　《东莞图书馆新馆运营管理方案（修改稿）》印发。

2004年　基础建设年

全馆各项业务工作全面铺开，着重进行馆藏建设。整理原有馆藏40余万册，新增图书约40万，相当于重建了1个东莞图书馆；新建了拥有20万种电子图书的数字图书馆。

2月6日　新馆读者服务区家具布局方案研讨会。

2月13日　重点工作/工程的负责人会议，研讨文明优质服务、新馆规划、总分馆模式成形及配套、人才引进与绩效管理、网络配置与规范管理、"流动图书车"改造建设、漫画馆、IT图书馆、少儿阅览室布局等重点工作/工程。

3月2日　全体员工正式统一着装挂牌上岗，开始评选东莞图书馆"文明服务之星"。

3月14日　由旧面包车改装的"图书流动车"首次驶上街头，馆青年志愿者随车服务。

4月11—16日　首次全程开展为市政协和市人大"两会"驻会服务。

4月11—15日　李东来当选为政协东莞市第十届委员会常务委员，提交了《创新图书馆发展模式　建设现代图书馆体系》的提案。

5月27日　市政府下发《关于印发东莞地区图书馆总分馆制

实施方案的通知》。

5月30日　一卡通的新读者证于图书馆服务宣传周的第一天正式启用。

7月2日　作为武汉大学信息管理学院实习基地，首批8名学生来馆实习。

7月6日　东莞图书馆漫画馆试运行，为中国大陆首个漫画专题图书馆。

7月19日　东莞图书馆常平分馆试开馆运行。

8月13日起　摸底调研虎门、长安等发达镇的村级图书馆设施和利用状况。

9月30日　东莞图书馆石碣分馆试开馆。

9月　全市创新发展能力工作会议召开，正式提出建设图书馆之城的目标。

10月　《东莞图书馆规章制度》印刷成册。

10月25日　粤剧图书馆筹备组独立办公，邀请梁沛锦、余慕云、肖柱荣等指导建馆。

11月　东莞市图书馆更名为东莞图书馆，并升格为行政副处级，定编120名。

2005年　服务年

继续做实业务，强化服务，注重客观、真实、认真地宣传图书馆，将之内化在日常的图书馆工作中，在全市普及图书馆意识，进一步提升服务，扩大影响。

1月12日　"东莞图书馆图书流动车启动剪彩暨服务站授牌

仪式"在馆门前举行。

2月　东莞中学初中部分馆成为首个加入东莞市图书馆总分馆体系的学校图书馆。

3月8日　李东来赴京参加全国文化信息资源共享工程专家工作会议。

3月底　借阅部被授予市级"青年文明号"称号。

5月14日　"图书馆集群网络管理平台开发与研究"项目通过文化部鉴定。

5月20日　图书馆专家程亚男作《图书馆文明服务》讲座。

5月29日起　东莞学习论坛系列讲座启动。

6月　召开静态搬迁模拟会。15号启动搬迁百日行动,实现不闭馆搬迁,服务不间断。

6月　东莞图书馆被国家文化部评定为国家一级图书馆。

7月21日　"营造书香东莞　建设文化新城"2005年东莞首届读书节动员大会召开。东莞读书节办公室设在东莞图书馆,负责组织协调全市读书活动。

8月　三星电机有限公司成为首个加入东莞市图书馆总分馆体系的企业图书馆,虎门大宁村图书馆成为首个加入东莞市图书馆总分馆体系的村级图书馆。

9月　《继往开来——东莞图书馆七十五年》由花城出版社出版。

9月6日　市委书记佟星视察图书馆新馆,并再次指出"文化设施要有相应的文化人才"。

9月18日　16名通过审核考试的专业人才到岗,此次面向全国招聘报名的有283人。

9月28日　东莞图书馆新馆开馆暨2005年东莞首届读书节开幕庆典仪式隆重举行。虎门、常平、石碣、清溪、东城、石龙、道滘、塘厦等8个镇级分馆也举行了揭幕仪式。

9月28日　南门的自助图书馆开馆，在全国率先实现了图书馆24小时开放服务。

2005年国庆7天长假中，新图书馆共接待读者近10万人次。

10月14日　召开全馆大会，总结了新馆开馆和国庆"黄金周"两大战役的相关情况，指出应尽快建立适应新馆工作需要的管理模式和体制。

10月25日　东莞市图书馆之城建设工作暨2005东莞首届读书节总结表彰大会在东莞图书馆四楼学习论坛报告厅举行。

12月　"城市图书馆研究书系"之《城市图书馆集群化管理研究与实践》由北京图书馆出版社出版。

2006年　活动年

组织各部门广泛开展内容丰富形式多样的活动，举办大大小小180多项读者活动。全馆形成了"天天有展览，周周有讲座，月月有亮点"的读者活动格局，"阵地＋活动"的服务形态初步成形。

1月29日—2月4日（春节期间）　接待读者近6万人次，借还图书22,858册次。

3月27日　"东莞图书馆东泰爱弥儿幼儿园固定服务站"成立。

4月23日　"4·23世界读书日"系列活动·中国东莞仪式启动在馆北门广场拉开帷幕。举办有180名朗诵人员参加的"4·

23世界读书日——诗书雅韵经典朗诵会"。

4月23日　中国图书馆学会科普与阅读指导委员会成立暨2006东莞第二届读书节动员大会在馆四楼报告厅举行。

4月27—28日　文化部办公厅主办的"区域图书馆协同发展交流会"在我馆召开。

5月1日　由东莞图书馆漫画馆组织举办的"东莞首届动漫节"开幕。

5月27日　东莞图书馆首个楼盘小区分馆——理想0769分馆正式揭幕。

7月26日　在中国图书馆学会年会上获"2005年全民阅读活动先进单位"称号。

7月　东莞被列为全国文化信息资源共享工程试点市。

7月　城市图书馆书系之《城市图书馆建设文集》由广东人民出版社出版。

8月23日　经省档案局评估，被授予"省特级档案综合管理单位"称号。

9月16—23日　与北京大学信息管理系联合举办"图书馆学高层开放论坛"。

9月28日　在四楼报告厅举行2006东莞第二届读书节开幕式，开办"城市阅读论坛"。

10月　被文化部授予"公共文化设施管理先进单位"称号。

12月31日　历时1个月的"东莞饮食文化"系列活动拉开帷幕。

12月　城市图书馆书系之《城市图书馆新馆建设》由北京图书馆出版社出版。

2007年 管理年

重点强化各项管理工作,逐步实行分管负责制、部室承担制、岗位责任制,不断总结管理经验,提高管理水平,实现从小馆到大馆、从单馆到多馆的管理方式的转变。

年初,东莞图书馆与《图书馆建设》编辑部联手推出《城市图书馆》专栏。

1月15日 "区域图书馆集群管理与协同发展模式"获国家文化部第二届创新奖。

3月 厚街医院图书馆成为首个加入全市图书馆总分馆体系的医院分馆。

4月22日 以"阅读·发展·和谐"为主题的"4·23世界读书日"系列活动举行。

8月 城市图书馆书系之《城市图书馆建设的实践与思考》由北京图书馆出版社出版。

8月19—28日 李东来一行8人赴台湾进行馆际交流,考察学习和采购台版书籍。

9—10月 举办2007东莞第三届读书节,免费发放8万张亲子书香卡和新莞人书香卡。

10月1—7日 东莞第三届动漫节在东莞图书馆举行,约9.7万人来馆享受动漫盛宴。

11月19日 李东来荣获文化部第十四届群星奖。

11月 北京大学图书馆学专业研究生课程进修班在馆开课。

12月3日 全国首个图书自助服务站(图书馆ATM)开始在

我馆试用。

12月17—18日 "中美公共图书馆实务"报告会在馆举行。美国图书馆协会主席罗仁·若伊（Loriene Roy）等作专题报告。

截至2007年底，全市集群图书馆网络已有36个分馆和102个服务站。

2008年 规范年

着重"规范、示范、提升、提炼"，从高度、广度、深度三方面推进制度建设和规范执行力度，提升中心馆工作水平，抓好基层图书馆示范点，为总分馆建设做好示范。

1月13日 《东莞市图书馆管理办法》专家咨询会在馆会议室举行。

3月21日 "加强文献质量保障促进全民阅读"研讨会在馆召开。

3月 为强化业务管理，检验开架服务情况，核实馆藏，实施全馆藏书清点工作。

3月13日 李东来为北京大学信息管理系硕博士选修课"图书馆集群管理"开课。

4月29日 召开了"东莞少儿图书馆改建项目"咨询会。

4月 李东来主编的《中国阅读报告·书香社会》由北京图书馆出版社出版。

5月5日 在四楼报告厅举行了全馆人事制度改革大会暨管理干部聘任仪式。

5月21—25日 在上海举行的城市中心图书馆建设工作经验

交流会上，李东来作《城市图书馆：新环境新发展》的发言。

6月　馆"业务知识能手"竞赛举行，选拔出3名业务能手，任期1年。

6月　东莞图书馆荣获由美国图书馆协会主席颁发的首届"国际创新奖"。

8月10—14日　李东来一行4人参加在加拿大魁北克市召开的国际图联（IFLA）大会。

8月　城市图书馆书系之《城市图书馆探索》由广东人民出版社出版。

9月27日　国家图书馆主办的"2008年全国图书馆企业信息服务年会"在馆举行。

9月28日　2008东莞第四届读书节开幕暨莞城图书馆开馆仪式隆重举行。

10月　首次组织"图书馆之城建设服务奖"评审，并从2008起每年持续开展。

10月27—31日　李东来在重庆举办的中图年会上，作《让更多的人享受图书馆》的大会发言。

2008年国家社科基金项目"区域图书馆整体协同发展模式及路径研究"评审通过，获准立项，实现了东莞在国家社科基金项目上零的突破。

在潘寅生馆长指导下编纂的《东莞图书馆规范管理工作手册》年底成形。

2009年　研究年

组织引导员工开展业务和工作研究，启动图书馆之城建设项目研究，将研究项目纳入年度部（室）工作目标责任制，通过国家社科基金项目和文化部科研项目提升研究水平。

3月27日 "互联网环境下的市民学习平台研发与项目实施""家庭藏书网络管理与信息共享"两个项目通过文化部评审验收会。召开了东莞图书馆文化科技发展专家咨询会。

4月 首次在总分馆启动图书馆之城建设项目研究，有7个分馆的8个项目立项。

5月26日 联合各分馆共同启动了"图书馆服务到户工程"。

8月10日 举办"中层干部管理学习月"首次交流会。

8月18日 正式推出手机图书馆服务。

10月26日 2009东莞第五届读书节总结表彰大会在东城影剧院隆重召开。

10月 24小时自助图书馆被列为"国家文化创新工程"首批扶持项目。

11月 获中国图书馆学会"全民阅读基地"称号。

11月20日 中共中央政治局常委李长春现场察看了图书馆ATM（图书自助服务站）。

11月24日 李东来被授予"全国文化系统先进工作者"荣誉称号。

11月27—30日 与北大信息管理系联合主办"图书馆学开放论坛（2009）暨全国图书馆学博士生学术会议"。

12月 被中共广东省委、广东省人民政府评为"广东省文明单位"。

12月28日 2009研究年研究成果交流会举行。

2010年 微笑年

一年一个主题,一年一个重点,一年一个脚印。回首过去,由衷微笑;展望未来,自信微笑。微笑中收获,总结,提高。首个8年规划的截止年,微笑审视和面对。

1月25日 举办全馆2010年新春嘉年华系列活动。

1月26日 "区域图书馆集群管理与协同发展模式"项目获市特别贡献奖。

1月 采编部联合图书借阅部开始实施新书"绿色通道"项目。

2月5—6日 儿童绘本导读书目专家审读会召开。

3月5日 "微笑年"首场集体生日活动举行。以后每月1次,策划活动多样。

3月25—26日 2010年度科研与工作项目立项评审会及专家点评会。

4月2日 全体员工到粤晖园春游。

4月8日 文化部杨志今副部长等来馆视察,召开公共文化服务调研座谈会。

4月11—17日 40人在武汉大学参加东莞市基层图书馆馆长研修班学习。

4月15日 我馆新版数字图书馆网站(www.dglib.cn)正式启用。

4月23日 2010"书香岭南"全民阅读活动暨东莞第六届读书节启动。《名人笔下的东莞》正式首发。

5月23日　东莞图书馆迎来了自新馆开馆以来的第1 000万名读者。

7月12日　馆工会组织"水花激扬，玎珰畅游"温泉乐园活动。

8月30日　全市领导干部会议上，东莞图书馆作了《致力创新惠民 完善图书馆公共服务体系》的经验发言并荣获"文化新城建设标兵单位"称号。

8月　开放部门开展了"微笑年"主题活动——"微笑服务之星"评选活动。

9月1日　李东来主编的《数字阅读》由国家图书馆出版社出版。

10月28日　2010东莞第六届读书节总结表彰大会在我馆召开，推出e读卡。

11月15日　在东城国际酒店举办了新馆开馆五周年庆典活动。

12月27日　召开东莞图书馆2010"微笑年"《快乐的软图书馆学》集体学习交流会。

2011年　故事年

侧重和工作相关的思想、感悟，留下微笑前行的故事、成长的足迹，记录身边的人和事，发现同事的善良、读者的友谊，也可能是工作的烦恼，以丰富人生。

1月14日　全馆员工参加了亚运广州游，在银城酒店举办年终表彰活动。

2月15日　召开了东莞地方文献开发专家咨询会。

3月16日　文化信息资源共享工程暨公共电子阅览室建设广东汇报会在我馆召开。

4月　东莞图书馆编辑推出《易读》杂志。

5月　国家社科基金课题"区域图书馆整体协同发展模式及路径研究"结项获"优秀"。

6月14日　图书馆促进学习型社会建设研讨会暨东莞学习中心平台启动。

8月19—20日　"新型公共电子阅览室建设"专家咨询会在馆召开。

10月25日　2011东莞第七届读书节总结表彰大会暨东莞少年儿童图书馆试开馆。

10月26—27日　中国图书馆年会在贵阳举行,确定东莞市为下届年会主办城市。

11月4日　馆中层干部会议,共同策划2012年中国图书馆年会。

11月14日　馆年轻馆员2012年中国图书馆年会头脑风暴会议。

11月中下旬　我馆召集中层开展"卓越绩效"学习与部署。

12月20日　东莞图书馆被授予第三批"全国文明单位"称号。

12月4日　2012年中国图书馆年会专家咨询会在馆召开。

2012年　交流年

侧重用交流来开拓事业,在专注聆听中、在倾心交流中,碰撞思想，提升实力，为全国年会做好行业与社会交流的各项准备。

1月15日　馆在会议室组织召开2012年中国图书馆年会广东省内专家咨询会。

2月　我馆正式组建东莞图书馆年会筹备小组，下设年会宣传组、招商组、综合协调组。

3月　启动"伦明诗文集"及"东莞明伦堂史料集"等主题资料的搜集和整理工作。

4月　空间调整工程实施，整合服务功能，完善书库布局。

4月5日　2012年中国图书馆年会在北京文化部召开第一次新闻发布会。

4月9日　国家公共文化服务体系示范区督导组到我市督查，实地考察了年会场地。

4月23日　东莞第八届读书节暨"新东莞·新阅读"全民掌上阅读活动启动仪式在东莞图书馆举行。"东莞市捐赠换书中心"正式启用。公布了2012中国图书馆展览会LOGO和吉祥物的入围作品名单。

6月7日　"新加坡国家图书馆卓越绩效管理学习交流会"在馆举行。

6月底　李东来等赴美国考察学习2012年美国图书馆协会年会。

6月28日—30日　东莞图书馆接受东莞市"政府质量奖"评审组专家的现场评审。

7月25日　文化部"区域图书馆管理标准体系研究"项目在馆通过验收。

8月28日　全馆启动"迎年会,战百日"冲刺行动。

9月15日　组织"伦明研讨会",审阅《伦明全集》第一卷。

9月17日　2012东莞地区图书馆业务技能竞赛活动。

10月9日　2012年中国图书馆年会组委会执行办公室第一次全体(扩大)会议举行。

10月15日　《2012版东莞图书馆应知应会》下发全馆员工共同学习。

11月20日　"东莞市政府质量奖"揭晓,东莞图书馆为3家获奖组织之一。

11月21—23日　全国第十届民间阅读年会暨"图书馆与社会阅读"研讨会在莞举行。

11月22—24日　2012年中国图书馆年会在东莞举行,为国内规模最大的行业盛会。

11月　李东来等主编的《读者权益与图书馆服务研究》由国家图书馆出版社出版。